DE LA

GESTION D'AFFAIRES

EN DROIT ROMAIN

ET EN DROIT FRANÇAIS.

THÈSE

PRÉSENTÉE A LA FACULTÉ DE DROIT DE POITIERS

POUR OBTENIR LE GRADE DE DOCTEUR

ET SOUTENUE

LE SAMEDI 25 MARS 1865, A DEUX HEURES DU SOIR,

DANS LA SALLE DES ACTES PUBLICS DE LA FACULTÉ.

PAR

GEORGES DABANCOUR,

AVOCAT A LA COUR IMPÉRIALE DE POITIERS

POITIERS

HENRI OUDIN, IMPRIMEUR-LIBRAIRE

RUE DE L'ÉPERON, 4.

1865

33054

COMMISSION :

PRÉSIDENT, M. ABEL PERVINQUIÈRE ❀.

SUFFRAGANTS :
{
M. GRELLAUD, DOYEN ❀.
M. RAGON.
M. LEPETIT.
M. BAUDRY LACANTINERIE, AGRÉGÉ.
}
PROFESSEURS.

Vu par le Président de l'acte ,
ABEL PERVINQUIÈRE ❀.

Vu par le Doyen,
H. GRELLAUD ❀.

Vu par le Recteur,
DESROZIERS (O. ❀).

« Les visa exigés par les règlements sont une garantie des principes
« et des opinions relatives à la religion, à l'ordre public et aux bonnes
« mœurs (Statut du 9 avril 1825, art. 41), mais non des opinions pure-
« ment juridiques, dont la responsabilité est laissée aux candidats. »
« Le candidat répondra en outre aux questions qui lui seront faites
« sur les autres matières de l'enseignement. »

A MON PÈRE ET A MA MÈRE

A MON FRÈRE.

DROIT ROMAIN.

DE LA GESTION D'AFFAIRES.

CHAPITRE PREMIER.

NATURE ET FORMATION DE LA GESTION D'AFFAIRES.

GÉNÉRALITÉS.

Lorsqu'une personne s'immisce dans les affaires d'autrui, sans en avoir reçu mandat, on dit qu'il y a *negotiorum gestio*.

Celui qui gère s'appelle *negotiorum gestor ;* celui dont l'affaire a été gérée prend le nom de *dominus rei*.

La loi romaine ne reconnaissait que deux sources principales aux obligations : les contrats et les délits. Mais, à côté des contrats et des délits, elle plaçait une foule d'événements divers, *variæ causarum figuræ*, se rattachant de près ou de loin à ces deux sources, et qu'elle reconnaissait comme susceptibles de produire des obligations : *Obligationes aut ex contractu nascuntur, aut ex maleficio, aut proprio quodam jure ex variis causarum figuris*[1].

---

[1] L. 1, Pr. D. *de Oblig. et act.*

1

Ainsi un fait se présente : par sa nature, il doit lier celui qui l'a accompli ; s'il n'y a eu aucune convention, il est impossible de dire que l'obligation naît *ex contractu ;* on la fait alors provenir *quasi ex contractu.* De même, s'il a été commis un acte illicite, non prévu par la loi, il donne lieu à une obligation *quasi ex delicto.*

La gestion d'affaires est une de ces *variæ causarum figuræ,* dont les obligations se forment *quasi ex contractu.* En effet, elle a de très-grands rapports avec le mandat, mais on ne peut la ranger parmi les contrats, puisqu'elle n'est le résultat d'aucune convention, d'aucun accord de volontés entre les parties. Ses obligations naissent du fait seul de la gestion, *ex re.* Toutefois, ainsi que nous le verrons plus tard, Pothier tend à rattacher plutôt l'obligation du *dominus rei* à cette considération qu'il y a, de sa part, un consentement présumé à ce qui a été fait dans son intérêt, et qu'il est permis de croire que, s'il eût connu la gestion, il y aurait consenti.

Quoiqu'il en soit, la gestion ne lie pas seulement celui qui l'a entreprise ; elle peut, dans certains cas, obliger le *dominus* à indemniser le *negotiorum gestor* de toutes les pertes que son immixtion a entraînées : *Ait prætor : si quis negotia alterius sive quis negotia quæ cujusque cum is moritur fuerint, gesserit, judicium eo nomine dabo* [1].

L'équité était la base de ces obligations réciproques. En effet, s'il eût été injuste de permettre à un tiers de s'immiscer dans les affaires d'autrui, sans donner au

---

[1] L. 3, Pr. D, *de Neg. gest.*

propriétaire un moyen de demander compte au gérant de ses actes, et de se faire restituer le profit que ce dernier a retiré de l'administration de son patrimoine, il n'eût pas moins été injuste de ne pas contraindre le maître à indemniser le gérant des dépenses, utilement faites, nécessitées par une sage gestion, et de le laisser ainsi s'enrichir aux dépens d'autrui.

D'un autre côté, ainsi que nous l'apprend la loi 1, D. *de neg. gest.*, l'intérêt général exigeait que ces actes ne fussent pas dépourvus de toute sanction. Une personne pouvait s'absenter inopinément, sans avoir le temps de désigner quelqu'un pour prendre soin de ses intérêts durant son absence; dès lors, il était utile d'en courager un tiers à administrer un patrimoine, qui, n'étant pas dirigé, devait courir les plus grands périls : *Hoc edictum necessarium est : quoniam magna utilitas absentium versatur, ne indefensi rerum possessionem, aut venditionem patiantur, vel pignoris distractionem, vel pœnæ committendæ actionem, vel injuria rem suam amittant* [1].

Ce texte pourrait faire croire que les actions *negotiorum gestorum* étaient des actions prétoriennes; mais tous les interprètes du droit Romain sont d'accord pour leur donner une origine purement civile. Pour les raisons que nous venons de donner, la législation romaine a dû reconnaître de tout temps ces actions. Il est vrai que le Digeste ne parle, à propos de cette matière, que de l'édit du préteur. Mais il ne faut pas oublier que le préteur, en entrant en fonctions, rappelait, dans son édit, les actions qu'il donnerait, et il comprenait nécessaire-

[1] L. 1, D. *de Neg. gest.*

ment les actions déjà reconnues par le droit civil, car sa mission ne le portait pas seulement à suppléer le droit civil, il devait, dans la plupart des cas, le *confirmer*.

Quoique, comme nous venons de le voir, la gestion d'affaires ne se forme que *comme s'il y avait eu contrat (quasi ex contractu)*, nous emploierons cependant, pour éviter les périphrases, l'expression de *quasi-contrat* en la désignant. Il ne faudra donc pas attacher à ces mots tout à fait la même signification qu'en droit français.

Maintenant recherchons les conditions nécessaires pour qu'il y ait gestion des affaires d'autrui. Elles sont au nombre de trois :

1° Il faut que la gestion ait pour objet l'affaire d'un tiers ;

2° Qu'elle ait eu lieu sans mandat ;

3° Qu'elle ait eu lieu en considération du *dominus rei* (d'après le droit civil).

Nous terminerons ce chapitre en examinant les événements qui peuvent influer sur les règles ordinaires de la gestion d'affaires.

SECTION PREMIÈRE.

LA GESTION DOIT AVOIR POUR OBJET L'AFFAIRE D'UN TIERS.

Pour engendrer une obligation, il faut nécessairement deux parties en cause, un créancier et un débiteur. En matière de contrats, ces deux personnes apparaissent clairement dès le début, puisque leur consentement a été nécessaire pour les lier. Lorsqu'il s'agit, au contraire, d'obligations nées *quasi ex contractu*, nous l'avons vu, aucun accord de volonté n'intervient ;

un fait seul leur donne naissance. Il importe donc de rechercher avant tout, dans quel cas une personne doit être considérée comme ayant géré les affaires d'une autre, *alterum alterius negotium gessisse.*

Et d'abord il n'est pas douteux que si vous avez géré vos propres biens, croyant gérer les miens, il n'y aura pas entre nous quasi-contrat de gestion d'affaires. C'est ainsi que Julien dit que : *Si quis ita simpliciter versatus est ut suum negotium in suis bonis quasi meum gesserit, nulla ex utroque latere nascitur actio, quia nec fides bona hoc patiatur* [1].

Il en serait autrement si une personne gérait une affaire qui lui est commune avec moi, croyant gérer exclusivement la sienne. Il y aurait entre nous quasi-contrat en raison de la part qui me revient dans l'affaire [2].

Une personne peut-être soumise à l'action *negotiorum gestorum*, bien que l'affaire gérée ne la concerne pas directement, si elle a un intérêt évident à ce que cette affaire soit faite. Ainsi un pupille peut recourir contre son tuteur, par l'action *directa tutelæ*, pour se faire indemniser des pertes que l'administration de ce dernier a entraînées. Si donc vous vous êtes immiscé dans les affaires du pupille, et que par votre vigilance, vous ayez amélioré les biens compromis, vous pouvez recourir contre le tuteur par l'action *negotiorum gestorum*, puisque vous l'avez soustrait au recours de l'action *tutelæ*. Mais comme ce sont en réalité les intérêts du pupille qui ont été sauvegardés, la même loi donne également ac-

[1] L. 6, § 4, D. *de Neg. gest.*
[2] Même loi.

tion contre lui[1]. Nous verrons cependant que cette seconde action ne peut avoir la même étendue que la première.

Le même principe doit être appliqué dans l'hypothèse suivante : Vous avez donné mandat à *Seius* de payer une dette dont le terme est sur le point d'expirer. J'avance à *Seius* les fonds nécessaires pour acquitter votre dette. J'aurai une action *negotiorum gestorum* contre vous ; car mon but, en avançant cet argent, n'a pu être de vous obliger *ex mutuo*, puisqu'il n'existait aucun contrat entre nous, mais uniquement de vous être utile; j'ai géré votre affaire. La loi suppose même le cas où j'ai pris soin de stipuler avec le mandataire ; et décide que je n'en conserverai pas moins contre vous l'action *negotiorum gestorum*, parce qu'elle suppose que, *ex abundanti hanc stipulationem interposui*[2].

Il peut arriver qu'une affaire ne concerne pas directement une personne, mais que néanmoins elle devienne sienne par l'effet de la ratification. J'ai reçu de *Titius*, d'après la loi 6, § 9 D. *de neg. gest.*, une somme d'argent qu'il ne vous devait pas, mais dont il se croyait débiteur envers vous : vous ratifiez ce payement. Y aura-t-il entre vous et moi quasi-contrat de gestion d'affaires ? On peut hésiter, dit le jurisconsulte à donner cette décision, car en réalité *Titius* ne vous doit rien, et comment gérer une affaire qui n'existe pas ? Cependant, ajoute-t-il, cette ratification a pour résultat de faire vôtre une affaire que j'ai entreprise à votre considération. Tout doit se passer désormais comme si vous étiez réellement créan-

[1] L. 6, Pro. D. *de Neg. gest.*
[2] L. 6, § 1, D. *de Neg. gest.*

cier de la somme payée ; c'est donc contre vous que *Titius* pourra exercer la *condictio indebiti.*

Le § 10 de la même loi nous donne un autre exemple : j'ai actionné le débiteur de *Titius,* dont je vous croyais héritier, tandis que *Seius* est seul le véritable héritier. Cette affaire vous est étrangère ; cependant si vous ratifiez, cet acte de gestion vous oblige personnellement ; vous devenez *possessor pro herede,* et c'est contre vous que *Seius* intentera l'action en pétition d'hérédité.

Mais il est indispensable, pour que la ratification produise cet effet, qu'une autre personne, véritablement intéressée à la gestion, n'en ait pas déjà acquis le profit. J'ai réparé la maison de *Titius,* vous croyant à tort son héritier ; vous ratifiez ce que j'ai fait, naîtra-t-il entre nous un quasi-contrat de gestion d'affaires ? Nullement, car votre ratification ne peut avoir pour résultat de vous attribuer ce qui est déjà acquis à une autre personne. C'est donc seulement au véritable héritier qu'appartiendra l'action *negotiorum gestorum,* et c'est à lui seul que je devrai réclamer le remboursement de mes impenses [1].

La ratification n'a pas seulement pour effet de rendre propre à quelqu'un un acte qui, primitivement, lui était étranger ; il existe certains faits qui excèdent les pouvoirs ordinaires d'un gérant, et pour lesquels le maître n'est obligé qu'autant qu'il les a ratifiés. C'est ainsi que la loi 19, C. *de neg. gest.,* nous dit : « Si un des héritiers a vendu la chose commune, son cohéritier, après avoir ratifié la vente, aura l'action de gestion d'affaires pour

---

[1] L. 6, § 11, D. *de Neg. gest.*

réclamer sa part du prix ». Lorsque nous étudierons plus spécialement la ratification des actes d'un *negotiorum gestor*, nous rechercherons quels sont les faits qui, par eux-mêmes, obligent le maître, quels sont ceux, au contraire, qui ne peuvent le lier qu'autant qu'il se les est appropriés en les ratifiant.

Il est indifférent que le gérant ait entrepris l'administration d'une ou de plusieurs affaires, pour qu'il soit soumis aux obligations qui résultent de l'immixtion dans les affaires d'autrui. C'est ce que dit Ulpien : *Negotia, sic accipe : sive unum, sive plura* [1].

Toutefois, l'affaire entreprise doit être honnête et licite, pour donner lieu au quasi-contrat. Si elle ne présente pas ce caractère, il ne pourra naître aucune action. C'est ce qui résulte, par analogie, de la loi 6, § 3, *Mand.*, d'après laquelle : *Rei turpis, nullum mandatum est, et ideo hac actione non agitur.*

Les actions *negotiorum gestorum* ne prennent pas seulement naissance lorsque l'affaire appartient à un individu, mais aussi lorsqu'elle a pour *dominus* une personne morale, une cité ou une hérédité dont on n'a pas fait adition.

Lorsqu'une personne a administré une succession vacante, elle est censée avoir géré les affaires du défunt, puisque ce dernier est représenté par la succession : *Hœreditas jacens personam defuncti sustinet.* Mais quand l'affaire n'a pu naître que par suite de la mort du *de cujus*, il est impossible de dire que si le défunt existait encore, il en serait le maître, puisque cette affaire

[1] L. 3, § 2, D. de Neg. gest.

n'a pris naissance que parce que le *de cujus* a cessé d'exister.

Le préteur, il est vrai, avait créé une action spéciale pour les frais funéraires : cette action s'appelait *funeraria*. Mais, relativement aux autres actes, aucun moyen de recours n'avait été donné. On s'accorde alors à décider qu'il y a lieu d'appliquer le principe posé par la loi 54, D. *de acq. vel omitt. hæred.*, à savoir que l'héritier qui fait adition est censé avoir succédé au défunt du jour de sa mort. Ainsi, en ce qui concerne les actes pour lesquels il est impossible de supposer le défunt *dominus*, par cet effet rétroactif, l'héritier pourra personnellement exercer l'action *negotiorum gestorum*.

Tout ce qui est fait dans l'intérêt d'autrui peut former la matière d'une *negotiorum gestio*. Ainsi, vous avez payé une de mes dettes, vous avez retiré un gage des mains de mon créancier, vous vous êtes porté caution pour moi; dans tous ces cas, vous avez géré mes affaires.

La gestion peut également consister à soutenir un procès pour autrui, soit en demandant, soit en défendant. Dans l'ancien droit romain, sauf quelques exceptions, il n'était pas possible de représenter un tiers en justice. Mais on se relâcha peu à peu de cette rigueur, on admit bientôt les *cognitores* et les *procuratores*[1]. Ces derniers se présentaient le plus ordinairement en vertu d'un mandat, pour défendre les intérêts d'autrui; ils devaient fournir caution, afin d'assurer un recours à la partie adverse, au cas où le mandant n'accepterait pas la sentence rendue contre lui[2].

[1] *Fragmenta Vaticana*, §§ 317 et suiv.
[2] Gaïus, c. IV, §§ 97 et 98.

On arriva même à admettre à plaider en justice, et à assimiler au *procurator* celui qui n'avait reçu aucun mandat, comme nous l'apprend Gaïus[1], pourvu qu'il donnât caution que le maître ratifierait; c'était donc un véritable *negotiorum gestor*.

Toutefois, s'il était permis de défendre, sans mandat, les intérêts d'autrui[2], la même faculté n'était pas laissée pour se constituer demandeur pour un tiers. La loi 6, § 12, D., *de neg. gest.*, semble même interdire formellement d'agir en cette qualité comme *negotiorum gestor*. Disons cependant que quelques textes font exception à ce principe, lorsque la personne au nom de laquelle le gérant se propose de plaider lui est unie par des liens de parenté[3], ou par des rapports de copropriété[4].

Peu à peu on en vint à assimiler le *procurator præsentis* à un *cognitor*, et à donner directement au maître et contre lui l'action *judicati*. Le *procurator absentis* resta, au contraire, toujours soumis à la caution *de rato*; ce fut à lui seul qu'appartint l'exercice de l'action[5]. Cependant, lorsque le maître avait ratifié la gestion, l'assimilation fut étendue au *defensor*; ce fut au représentant et contre lui que l'action fut donnée (L. 50, D. *de judiciis*).

---

[1] G. IV, § 84.
[2] L. 1, D. *de Neg. gest.*
[3] L. 35, P. D. *de Procur.* L. 21. C. *de Procur.*
[4] L. 31, § 7, D. *de Neg. gest.*
[5] *Fragmenta Vaticana*, §§ 330, 331 et 332.

SECTION II.

LA GESTION DOIT AVOIR EU LIEU SANS MANDAT.

Pour que le quasi-contrat de gestion d'affaires prenne naissance entre deux personnes, la gestion doit avoir été accomplie sans mandat. En effet, si le gérant n'avait agi qu'en vertu d'un ordre émané du maître, on appliquerait non plus l'action *negotiorum gestorum*, mais l'action *mandati* (L. 6, § 1, D., *Mand.*).

Disons de suite que pour déterminer l'obligation qui lie le maître envers le gérant, la loi ne s'occupe pas de l'intention avec laquelle ce dernier a agi. Ainsi avez-vous géré mes affaires dans la fausse croyance qu'un mandat vous en avait été donné ; vous n'aurez contre moi qu'une action *negotiorum gestorum* (L. 5, D., *neg. gest.*).

On ne peut pas considérer comme un mandat l'ordre de gérer qu'un maître a donné à une homme libre, qu'il regardait comme son esclave. Ainsi, je charge un homme libre qui, de bonne foi, est mon esclave, d'administrer mes biens. Il n'y a pas mandat, car cette personne ne jouissait pas de la liberté nécessaire pour donner un consentement valable. Mais il naît entre nous un quasi-contrat de gestion d'affaires, puisque, en réalité, c'est un homme libre qui a géré mes biens, et qu'il est capable de contracter des obligations envers moi [1].

Il peut aussi arriver qu'un mandat donné soit

---

[1] L. 10, § 2, D. *de Neg. gest.*

nul, alors la gestion d'affaires prend naissance entre
les personnes qui se sont engagées en vertu du contrat
annulé. Un *defensor* s'est présenté en justice pour
défendre un absent. La mère de cet absent a constitué
ex mandato deux fidéjusseurs à ce *defensor*. D'après les
principes du sénatusconsulte Velleien, l'intercession de
la mère est nulle; elle peut donc invoquer l'exception
qui lui est accordée. Les fidéjusseurs jouissent du même
bénéfice, puisqu'ils ne sont intervenus qu'en vertu du
mandat donné par la mère.

Mais comme le demandeur se trouverait ainsi privé
à la fois de toutes les garanties qui lui avaient été pro-
mises, la loi vient à son secours, et lui permet de repousser par une *replicatio doli* l'exception des fidéjusseurs, pourvu qu'il ait ignoré de quelle personne éma-
nait le mandat. Toutefois, si les fidéjusseurs libèrent,
en payant, le *defensor*, comme ils ont géré les affaires de
ce dernier, on leur donne une action *negotiorum gestorum*
pour se faire indemniser [1].

Pour que l'action *mandati* soit applicable, il faut que
le mandat ait précédé la gestion. Ainsi la ratification,
qu'une personne ferait de l'administration de ses biens
par une autre, laisserait subsister l'action *negotiorum
gestorum*, si cette action était déjà acquise au gérant. Si
vous approuvez une gestion achevée, dit la loi D. *neg.
gest.*, l'action *negotiorum gestorum* n'en subsiste pas
moins. Seulement votre ratification a pour effet de reconnaître l'utilité de la gestion qui ne peut plus être
discutée, *quod reprobare non possis semel probatum*. Ainsi

[1] L. 6 et 7, D. *ad Senatusc. Velleian.*

quand bien même le fait du *negotiorum gestor* vous a été préjudiciable, vous perdez, par cette ratification, le droit de l'attaquer, s'il n'est pas entaché de dol. Mais vous n'en conservez pas moins votre action pour vous faire restituer ce qui peut rester de la gestion. Et en effet, ajoute la loi, si on ne vous laissait pas cette action *negotiorum gestorum*, comment pourriez-vous recouvrer du gérant les sommes touchées par lui, puisque, dans cette hypothèse, il ne peut être question de mandat, *nam utique mandatum non est?*

C'est en vain qu'on voudrait opposer à ce texte la loi 60 *de regulis juris*, où il est dit : *si quis ratum habuerit, quod gestum est : obstringitur mandati actione*. Cette règle, comme l'indique la phrase qui la précède, ne s'applique qu'au cas d'intercession, et on ne peut assimiler cette hypothèse à celle de gestion d'affaires. Lorsqu'il y a intercession de la part d'une personne, celle-ci n'est encore liée par aucune obligation, elle n'est véritablement obligée qu'au moment du payement de la dette ou de la ratification du véritable débiteur. Rien ne s'oppose donc à ce que cette ratification soit considérée comme un mandat, *ratihabitio pro mandato habeatur*, puisqu'elle ne s'applique qu'à des choses futures. Dans le cas de gestion d'affaires qui nous occupe, il n'en est plus de même ; le fait est consommé au moment où le *dominus* ratifie ; la volonté d'une des parties ne peut donc venir transformer une obligation déjà existante.

Nous venons de voir que l'action *negotiorum gestorum* n'est donnée qu'au cas où une personne a géré les affaires d'une autre sans en avoir reçu un mandat valable avant sa gestion. Cependant si un mandataire a excédé les bornes de son mandat, ce qu'il a fait sans ordre forme entre lui et le mandant un quasi-contrat de gestion d'affaires. Nous emprunterons comme exemple l'espèce suivante : Une personne a deux dettes ; pour l'une, elle a donné comme garantie un gage, pour l'autre un gage et un fidéjusseur. Ce fidéjusseur, se croyant certain de recouvrer tous ses déboursés, a payé non-seulement la dette qu'il avait cautionnée, mais aussi la première dette, en prenant soin toutefois de se faire subroger aux deux gages. Peut-il recourir contre le véritable débiteur par une seule action, c'est-à-dire par l'action de mandat? Non évidemment, car il a excédé les bornes de son mandat, qui ne s'appliquait qu'à l'une des dettes, et il n'a pu ainsi étendre le contrat par sa seule volonté : il n'a droit qu'à l'action *negotiorum gestorum* pour tout ce qui concerne la dette qu'il n'était pas chargé de cautionner [1].

Papinien, en donnant cette décision, ajoute que le créancier est libéré de ses obligations ; qu'il ne peut plus être tenu de l'action pignératice pour rendre le gage, puisqu'il est censé n'avoir fait que céder ses droits à celui qu'il a mis en son lieu et place. Quant au fidéjusseur, le jurisconsulte ne le rend responsable que de sa faute. Ce qui veut dire, suivant Pothier [2], que si les gages rachetés par le fidéjusseur, ont péri par sa faute il sera tenu envers le propriétaire par l'action *negotiorum gestorum*. Si, au contraire, ils n'ont péri que par suite de cas fortuits, aucun recours ne sera donné contre ce possesseur, qui est, en définitive, de bonne foi.

[1] L. 32, D. *de Neg. gest.*
[2] Comm. Pand. III, v, ix.

Si l'action *negotiorum gestorum* est incompatible avec un mandat donné par le *dominus*, il n'en est plus ainsi si l'ordre de gérer émane d'un tiers. Ainsi j'avais l'intention de gérer les affaires de *Titius* ; vous m'en donnez mandat. J'aurai contre vous l'action *mandati*, mais n'en conserverai pas moins l'action *negotiorum gestorum* contre le *dominus*, qui ne m'a pas chargé de gérer ses affaires [1]. La même loi cite une autre décision de Marcellus, suivant laquelle une caution se présentant pour me garantir d'une gestion, que je suis sur le point d'entreprendre, j'ai droit à l'action *negotiorum gestorum* contre le *dominus*, et à l'action *ex stipulatu* contre le fidéjusseur.

Ajoutons que la loi 4. D. *de neg. gest.*, accorde également l'action *negotiorum gestorum* à ce fidéjusseur contre le *dominus,* à moins qu'il ne se soit porté caution *donandi animo.*

Pothier rapproche de ces textes un rescrit d'Alexandre qui applique le même principe. Il suppose qu'un mari a donné mandat à *Titius* de gérer ses biens et ceux de sa femme, et décide que *Titius* aura, d'une part, action *mandati* contre le mari pour ce qui a été fait pour lui et pour sa femme, et d'autre part, une action *negotiorum gestorum* contre celle-ci pour ce qui la concerne [2].

Il existe encore un cas où le mandat ne peut avoir d'effet, c'est celui où la procuration a été donnée à une autre personne que celle qui a géré. Vous avez donné mandat à *Titius* de se porter caution pour vous. Mais *Titius* en ayant été empêché, je me suis constitué fidéjusseur à sa

[1] L. 3, § 11, D. *de Neg. gest.*
[2] L. 14, C. *de Neg. gest.*

place : j'aurai contre vous l'action *negotiorum gestorum* [1].

Ce n'est pas seulement un mandat exprès qui empêche le quasi-contrat de gestion d'affaires de se former ; si le maître est présent et connaît la gestion, il y a mandat tacite, et par suite ce sont les actions *mandati* qui sont applicables [2]. La loi 41, D. *de neg. gest.*, requiert pour qu'il y ait *negotiorum gestio*, que le *dominus* soit *ignorans vel absens*. Certains interprètes ont voulu trouver dans ces mots la preuve que la gestion a toujours lieu en vertu d'un mandat tacite, dès qu'il est prouvé que le maître en a la connaissance et ne s'y est pas opposé. Ils se sont en outre appuyés, pour donner cette décision, sur la loi 60, D. *de reg. juris*, que nous avons déjà citée, d'après laquelle : « *Semper qui non prohibet pro se intervenire mandare creditur.* » Mais, nous le répétons, il s'agit ici d'une hypothèse tout à fait spéciale, de l'*intercessio*. La loi a voulu que relativement à cet acte, qui est toujours fait dans l'intérêt de celui pour lequel on intervient, le silence de celui-ci fût toujours considéré comme un consentement, partant qu'il y eût mandat tacite. Or, il ne s'ensuit pas que cette disposition doive être appliquée à toute sorte d'affaires. Nous pensons qu'il y a là une question de fait, qu'il faut apprécier suivant les circonstances. Ainsi on devra tenir compte de la difficulté où se trouvait le maître de manifester sa volonté ; et même, d'après les textes, on repoussera toute idée de mandat d'une manière absolue, alors même que le *dominus* aurait eu connaissance de la gestion, s'il est prouvé qu'à cette époque il était absent.

[1] L. 46, D. *de Neg. gest.*
[2] L. 60, D. *de Reg. jur.*

SECTION III.

IL FAUT QUE LE *Negotiorum gestor* AIT AGI EN CONSIDÉRATION DU DOMINUS REI.

Selon le droit civil, il est indispensable, pour donner naissance aux actions *negotiorum gestorum*, que le gérant ait eu l'intention de faire l'affaire du véritable maitre.

Si donc, *Titius*, croyant gérer les affaires de *Sempronius* a géré celle de *Mœvius*, il n'y a pas quasi-contrat. En effet on ne peut pas dire que *Mœvius* soit obligé envers *Titius*, car, nous le savons, le droit civil a, en quelque sorte, calqué l'action *negotiorum gestorum* sur l'action *mandati* ; or, on ne peut pas dire que celui qui n'a pas eu l'intention d'obliger le véritable maitre, ait contre ce dernier une action *quasi ex contractu*. Par le même motif, le *negotiorum gestor* ne peut, dans cette hypothèse, être lié envers le *dominus*[1].

D'un autre côté *Sempronius*, en considération duquel *Titius* a agi, ne peut avoir d'action, puisqu'il n'a aucun intérêt à l'affaire.

Il faudrait donner la même solution, si on supposait que vous ayez fait des dépenses pour une affaire qui vous était commune avec une autre personne, dans la persuasion que vous n'administriez que vos propres biens. C'est ainsi que le jurisconsulte Paul, prévoyant cette hypothèse dans la loi 14 *D. communi dividundo,* décide que vous n'aurez alors qu'un droit de rétention pour recouvrer vos déboursés, *quia neminem tibi obligare voluisti.*

[1] L. 45, § 2, D. *de Neg. gest.*

Nous trouvons encore dans les exemples suivants des applications de ce principe qu'il ne peut y avoir *negotiorum gestio* entre deux personnes, qu'autant que l'une a géré avec l'intention de faire l'affaire de celui qu'elle concernait réellement. J'administre les biens de votre esclave ; contre qui aurais-je une action *negotiorum gestorum* pour me faire indemniser? Contre vous si j'ai agi *in contemplatione tua* ; mais si je n'ai en vue que l'intérêt de votre esclave, auquel je porte de l'affection, je ne puis recourir que contre le pécule[1].

De même, Africain suppose que vous avez donné mandat à mon fils de vous acheter un fonds, et qu'ayant eu connaissance du mandat, j'ai acheté le fonds pour vous. Si j'ai agi, dit le jurisconsulte, en vue de vous être utile, et de satisfaire plus promptement le désir que vous aviez de posséder ce fonds qui vous était nécessaire, il naît entre nous un quasi-contrat de gestion d'affaires. N'ai-je au contraire fait cet achat que pour délivrer mon fils de sa procuration: je me suis en quelque sorte substitué à sa personne, je n'aurai contre vous qu'une action *mandati* ; et vous n'aurez contre moi qu'une action *de peculio*. En effet j'exercerai l'action de mandat, puisqu'elle est acquise à mon fils, et par conséquent à moi-même, car sa personnalité se confond avec la mienne, ce qu'il acquiert pour lui, il l'acquiert pour moi. D'un autre côté vous devrez conserver l'action que vous aviez dans le principe, et qui ne pouvait être qu'une action contre le pécule, puisque vous aviez traité avec un *alieni juris* [2].

[1] L. 6, § 6, D. de *Neg. gest.*
[2] L. 46, D. de *Neg. gest.*

Si votre mandataire au lieu d'être mon fils eût été *Titius*, ou une personne quelconque qui ne fût pas *in potestate mea*, j'aurais seulement acquis, dans cette dernière hypothèse, une action *negotiorum gestorum* contre ce mandataire, et non pas contre vous, mandant, car je n'ai pas entrepris la gestion à votre considération.

Tels étaient les principes du droit civil. Il pouvait donc arriver qu'une gestion dont un tiers avait profité fût dépourvue de toute action [1]. Mais quelques jurisconsultes romains, s'inspirant avant tout des préceptes de l'équité, adoucirent bientôt cette rigueur. Ils éludèrent ces *subtilités*, comme dit Pothier, en donnant une action *utile*, sans considérer l'intention du gérant, à toute personne qui avait fait une dépense dont un tiers eût profité.

On retrouve la trace de ce nouveau principe dans plusieurs lois du Digeste. Ainsi la loi 22, § 10, D. *mandati*, suppose qu'un curateur a fait une vente de biens, et n'en a pas distribué le prix aux créanciers. Ceux qui étaient présents sont présumés avoir donné tacitement au curateur mandat de vendre, et peuvent recourir contre lui par l'action *mandati*; et comme il est présumable, ajoute la loi, que le curateur a agi en considération des absents, on doit accorder à ceux-ci une action civile *negotiorum gestorum*. Mais si les créanciers présents ont donné un mandat exprès, le curateur ne sera plus censé avoir agi qu'en vertu de ce mandat, et par suite les absents ne pourront le considérer comme

---

[1] L. 19, § 2, D. *de Neg. gest.*

leur *negotiorum gestor*. Toutefois ces derniers ne resteront pas sans moyen de recours, car les créanciers man-
dants deviendront, à leur tour, leurs gérants d'affaires; et si l'existence des absents était ignorée, on leur
accordera une action *in factum*, c'est-à-dire une action
utilis negotiorum gestorum.

La même théorie se rencontre dans un texte de Papinien [1] : le jurisconsulte tranche une difficulté qui pourrait s'élever au sujet de l'exercice de ces actions utiles.
Il peut, en effet, arriver qu'une même personne se
trouve soumise à la fois à l'action civile et à l'action
utile. Ainsi, en faisant les affaires de *Sempronius*, j'ai
fait, sans le savoir, une affaire qui concernait *Titius*.
Sempronius a intérêt à ce que je lui rende compte de
ma gestion, et comme j'ai agi à sa considération, il a
contre moi une action civile *negotiorum gestorum*. D'un
autre côté, *Titius*, le véritable maître, a droit, d'après
les principes que nous venons d'indiquer, à une action
utile. Il pourra donc se faire que je sois soumis au
double recours de ces deux personnes. Pour éviter ce
résultat, Papinien engage le juge à exiger de Sempronius, s'il exerce son action, une caution pour me garantir du recours que *Titius* pourrait plus tard exercer
contre moi.

Une loi d'Africain, sur ce point, est également de-
meurée célèbre [2]. Le jurisconsulte suppose un homme
qui, croyant être héritier d'un testateur, transfère *solu-
tionis gratia* des objets à lui appartenant, que ce testa-

[1] L. 31, § 1, D. *de Neg. gest.*
[2] L. 49, D. *de Neg. gest.*

teur avait légués, et il décide que le véritable héritier, se trouvant par là libéré envers le légataire, est tenu de l'action *negotiorum gestorum.*

La même loi accorde, d'une manière générale, l'action *negotiorum gestorum* à quiconque, croyant gérer ses propres affaires, a géré les affaires d'autrui, *ut dari deberet (actio), si negotium quod tuum esse existimares, cum esset meum, gessisses.*

Certains interprètes du droit romain, Pothier notamment[1], ont voulu étendre ce principe à l'hypothèse prévue par la loi 14, D. *de dol. mal. et met. except.* Paul, dans cette loi, décide que celui qui a bâti un édifice sur le terrain d'un autre, ne peut répéter ses impenses que quand le propriétaire du sol le revendique; et, dans ce cas, il lui permet d'opposer l'exception de mauvaise foi. Ainsi, suivant ce jurisconsulte, le possesseur de bonne foi, qui a fait des dépenses nécessaires ou utiles[2], sur la chose d'autrui, n'a qu'un droit de rétention pour se faire indemniser.

Ce serait, il nous semble, exagérer la théorie d'Africain dans la loi 49, que d'accorder, dans cette espèce, outre le droit de rétention, une action utile *negotiorum gestorum.* En effet, il est permis de croire, comme l'a fait observer un savant professeur[3], que cette action utile, introduite dans un but d'équité, n'était donnée qu'à celui qui, ayant fait une dépense pour un tiers, n'avait aucun autre moyen de se faire indemniser par ce tiers; par suite, que la loi 49 n'était applicable

[1] C. Pand. iii, v. XXII.
[2] L. 38, D. *de Rei vind.*
[3] M. Demangeat. Comm. de la loi 9, *de Duobus reis.*

qu'au cas où l'héritier putatif n'était pas encore en
possession de l'hérédité, car autrement il lui suffisait d'a-
voir un droit de rétention sur les choses héréditaires [1].
Or, dans la loi 14, de Paul, le possesseur de bonne
foi a un droit de rétention assuré, il n'y a donc pas
lieu d'appliquer, dans ce cas, au nom de l'équité, l'action utile *negotiorum gestorum*.

Et, du reste, Julien, qui, comme nous allons le voir,
partageait les idées d'Africain sur les caractères de la
negotiorum gestio, n'hésitait pas, dans la même hypothèse, à donner la même solution que Paul : *Constat, si
quis, cum existimaret se heredem esse insulam hereditariam
fulsisset, nullo alio modo quam per retentionem impensas
servare posse* [2].

Il faut également repousser l'opinion de Cujas, qui
voulait accorder à ce possesseur, qui avait restitué le
fonds sans prélever ses déboursés, une *condictio indebiti*
pour répéter la possession. En effet, pour exercer une
condictio indebiti, il faut nécessairement qu'il y ait
payement, c'est-à-dire translation en propriété d'un objet
qu'on croit devoir. Or, dans cette espèce, il n'y a pas
translation de propriété, puisque le possesseur a simplement restitué la chose à son véritable propriétaire [3].

Lorsqu'il y avait solidarité ou corréalité entre plusieurs
débiteurs, suivant le droit civil, il n'était pas possible
de trouver, dans ce cas, la base d'une *negotiorum gestio*.
En effet, les jurisconsultes romains n'avaient jamais
eu l'idée de mandat réciproque entre les coobligés

---

[1] L. 17, D. *de Hered. petit.*
[2] L. 33. D. *de Cond. indeb.*
[3] M. Pellat, sur la loi 48. D. *de Rei vind.*

corréaux ou solidaires : par conséquent, comme nous l'avons dit plus haut, il ne pouvait être question d'une obligation *negotiorum gestorum*, formée *quasi ex contractu*.

Mais on s'est demandé si, en vertu des principes que nous venons de développer, il n'était pas possible de voir, dans l'acquittement d'une dette corréale par un des débiteurs, un cas d'application de l'action utile de gestion d'affaires. Car, s'il n'y a pas société entre les codébiteurs, les éléments, que nous avons exigés dans l'hypothèse précédente, semblent se rencontrer ici : il y a le fait d'une personne dont une autre a profité ; et, de plus, aucun moyen de se faire indemniser n'est donné à celui qui a payé la dette.

Cependant la loi 30, D. *de neg. gest.*, est le seul texte qui applique à ce cas l'action utile *negotiorum gestorum* : « Par un décret de la Curie, dit Julien, un homme avait été constitué curateur à l'effet d'acheter du froment de première qualité ; un sous-curateur, qui lui était adjoint, ayant gâté par un mélange ce froment acheté pour un usage public, le prix en fut laissé à la charge du curateur. Par quelle action le curateur peut-il recourir contre le sous-curateur pour se faire indemniser du tort causé par celui-ci ? Valérius Sévérus a répondu : On donne à un tuteur contre son cotuteur l'action *negotiorum gestorum* ; de même, on donne cette action au magistrat contre son collègue, pourvu qu'il soit exempt de fraude. D'après cela, il faut en dire autant en ce qui concerne le sous-curateur[1]. » — Ainsi d'après cette loi, par cela seul qu'une personne a acquitté une

---

[1] L. 30, D. *de Neg. gest.*

dette à laquelle d'autres étaient également tenues pour
le tout , elle doit être réputée avoir géré les affaires de
celles qu'elle a libérées par un payement , et a droit
à une action utile *negotiorum gestorum*.

Cujas[1] a prétendu que cette décision n'était applicable qu'aux personnes qui ont rempli des fonctions
communes, comme le tuteur, le magistrat. Suivant lui,
il est juste que des collègues, entre lesquels il y a
commune officium, soient obligés l'un envers l'autre par
suite de leur mauvaise gestion.

Certains interprètes du droit romain ont voulu distinguer , pour l'application de la règle posée par la loi
30, le cas de *solidarité* de celui où il y avait *corréalité*.
Lorsqu'il y a solidarité, ont-ils dit , le débiteur qui paie
toute la dette n'éteint pas seulement son obligation,
il éteint en même temps celle des autres ; on conçoit
dès lors que des jurisconsultes , cherchant à appliquer les préceptes de l'équité, aient trouvé , dans cette
hypothèse, une sorte de *negotiorum gestio*. Mais lorsqu'il
y a corréalité , il n'y en a plus autant d'obligations que
de débiteurs , il n'y en a qu'une seule; celui qui acquitte la dette ne paie que la sienne propre, il est donc
impossible de trouver place ici à une action *negotiorum
gestorum*.

Mais M. Demangeat[2] fait, avec raison, observer que
la distinction subtile, qu'on veut trouver entre la corréalité et la solidarité, ne doit avoir aucune espèce d'influence pour la solution de cette question ; car, dans

---

[1] In lib. III , *Dig. Solv. Jul.*
[2] *Commentaire, de Duobus reis,* D. 9, Pro.

les deux cas, le débiteur qui paie, paie uniquement pour se libérer, et, d'autre part, le fait de celui qui paie rend également service aux codébiteurs dans un cas comme dans l'autre.

Il est présumable que cette théorie, quoique en opposition avec les principes du pur droit civil, avait triomphé au temps de Justinien, qui, soucieux également de faire triompher les préceptes de l'équité, voulut consacrer cette doctrine, et accorder une action utile *negotiorum gestorum* à celui qui avait acquitté une dette solidaire, indépendamment des autres moyens de recourir que la jurisprudence avait déjà mis à sa disposition pour se faire indemniser.

Lorsqu'un héritier a payé au delà de sa part dans les dettes d'une succession, il est considéré comme ayant géré les affaires de son cohéritier : il peut donc recourir contre ce dernier par une action *negotiorum gestorum*, en vertu du droit civil, puisqu'il a agi à sa considération. Mais il n'en serait plus de même si l'héritier qui a payé toute la dette ne pouvait l'acquitter pour partie : par exemple, si le payement total était nécessaire pour retirer un gage appartenant à la succession; comme alors il ne pouvait agir pour soi sans agir contre son cohéritier, il n'y a pas gestion de l'affaire d'un tiers, mais gestion de l'affaire commune : par suite, il y a lieu à l'action *familiæ erciscundæ* [1].

Paul applique la même règle dans la loi 40, D. *de neg. gest.*, lorsqu'il décide, que si la maison commune menaçait ruine, et que l'un des copropriétaires ait donné la

---

[1] L. 6, § 2, D. *Comm. divid.* L. 3 et 12. C. *de Neg. gest.*

caution *damni infecti*, il a droit à l'action *negotiorum gesto-rum*, et non à l'action *communi dividundo*, puisque rien ne l'obligeait à payer la part de son copropriétaire.

A ce propos, une controverse s'est élevée entre les jurisconsultes sur la question de savoir, à quelle action avait droit le copropriétaire, qui avait plaidé en justice au sujet d'une servitude appartenant à un terrain com-mun, pour la répétition de ses déboursés. Selon Papi-nien, il y a, dans ce cas, une véritable *negotiorum gestio* : « Si une personne, dit-il, réclame une servitude d'eau qui appartient à plusieurs, et que la servitude soit con-firmée par jugement au terrain commun, celle qui a agi seule a droit à une action *negotiorum gestorum*, pour se faire rembourser des dépenses qu'elle a faites afin de soutenir le procès [1]. »

Paul adopte le même avis dans la loi 19 § 2, D. *comm. divid.* Il critique l'opinion de Pomponius qui voulait accorder l'action *communi dividundo* dans le cas d'im-penses faites pour l'entretien d'une servitude de passage commun.

Cujas appuie l'opinion de Paul et de Papinien, car, suivant lui, la servitude est un droit *in solidum* distinct pour chacun, et ne constitue pas une véritable *commu-nio juris : commune est quod pro parte indivisa meum, pro parte tuum, servitus omnis unicuique nostrum, in solidum competit non pro parte.*

Pothier [2], au contraire, dit avec raison, selon nous, que le copropriétaire doit exercer son recours par l'ac-

[1] L. 31, § 7, D. *de Neg. gest.*
[2] C. Pand. L. III, v, III.

tion *communi dividundo*, et non par l'action *negotiorum gestorum*, car il y a, dans cette espèce, des droits et un terrain commun; et celui qui agissait en justice ne pouvait se borner à agir dans son intérêt propre; en faisant reconnaître la servitude inhérente au fonds, il était obligé de mettre en cause les droits de ses copropriétaires.

SECTION IV.

DES CAS OU LE *Negotiorum gestor* PERD TOUT DROIT DE RECOURS.

Lorsque les conditions que nous venons d'examiner se trouvent réunies, la gestion fait naître des obligations réciproques entre les parties. Le gérant doit rendre compte de sa gestion; le maître doit rembourser les dépenses utiles qui ont été faites dans son intérêt. Nous rechercherons dans le chapitre suivant, d'une manière plus approfondie, l'étendue de ces obligations.

Cependant certains faits peuvent faire perdre au gérant son droit de recours; la gestion devient alors en quelque sorte unilatérale; le maître conserve seul l'exercice de l'action *negotiorum gestorum*. Telle est la règle que les textes semblent appliquer lorsque le gérant a agi contre la volonté du maître, ou *animo donandi*, ou enfin *lucri causa*. Nous passerons en revue chacune de ces hypothèses.

Lorsque le *dominus* s'est formellement opposé à la gestion, les jurisconsultes romains étaient d'accord pour refuser toute action civile au *negotiorum gestor*. Paul, dit en effet, dans la loi 40. D. *mandati* : « *Si pro te*

*præsente et vetante fidejusserim, nec mandati actio nec ne-
gotiorum gestorum est* ». Pothier [1] explique cette décision
en disant : « L'action de gestion d'affaires a été introduite à l'instar de l'action de mandat, elle doit donc
naître d'une cause qui ait rapport au mandat, et non
d'une cause contraire. Lorsqu'on fait les affaires de
quelqu'un à son insu, il y a une espèce qui a affi-
nité avec le mandat, parce qu'on peut présumer qu'il
aurait donné un mandat s'il eût été instruit ; mais l'espèce de celui qui agit contre le gré du maître suppose
le contraire du mandat ». Ainsi, d'après ces principes,
l'action qui doit être donnée au maître ne peut être une
action *civilis*, c'est-à-dire née *quasi ex contractu*, comme
s'il y avait eu mandat ; il faut donc dire que l'action,
à laquelle il a droit pour se faire rendre compte de la
gestion, n'est qu'une action utile, ainsi que nous l'avons
expliqué dans le chapitre précédent.

La même solution est donnée dans la loi 8, § 3, D. *de
neg. gest*. Si de deux associés, dit Ulpien, l'un seulement
m'a défendu d'administrer les affaires de la société,
ai-je l'action de gestion d'affaires contre celui à l'insu
duquel j'ai agi ? La difficulté consiste en ce que si on
donne action contre lui, il faut que son coassocié en
souffre, et, d'un autre côté, l'équité répugne à ce qu'il
soit gratuitement libéré par le fait d'un autre ; car
si, par exemple, j'avais prêté de l'argent à cet associé, malgré la défense de l'autre, celui-ci serait toujours obligé envers moi. Je pense donc avec Julien qu'il
y a action de gestion d'affaires contre celui qui n'a

[1] C. Pand. L. III, v, xii.

point fait de défense, mais de manière que celui qui en a fait ne puisse éprouver de préjudice, ni de la part de celui qui a géré les affaires malgré lui, ni de la part de son associé, *ut is qui prohibuit, ex nulla parte, neque per socium, neque per ipsum, aliquid damni sentiet* ».

Quelques jurisconsultes cependant veulent accorder, dans ce cas, une action utile, ainsi que nous le montre cette même loi 40, que nous venons de citer : « *Sed quidam utilem putant dari oportere, quibus non consentio, secundum quod et Pomponio videtur.* » Mais, comme on le voit, cette décision n'était pas admise par tout le monde ; et, du reste, la question fut tranchée par Justinien, qui déclara que celui qui aurait les affaires d'un autre malgré lui, n'aurait aucune action directe ou utile pour les dépenses faites, si ce n'est pour celles qui avaient précédé la défense [1]. — Disons, en passant, que cette solution nous semble rigoureuse et peu conforme au principe équitable de la loi 206. D. *de reg. juris*, suivant laquelle, *jure naturæ, æquum est, neminem cum alterius detrimento et injuria fieri locupletiorem.* Car c'est en vain qu'on voudrait opposer qu'il n'y a pas *injuria* dans le fait de s'enrichir malgré soi aux dépens d'autrui ; en effet, il peut se faire que l'opposition du maître soit déraisonnable et contraire à ses intérêts, et, comme dit Pothier, il est permis de faire du bien à quelqu'un malgré lui.

Si une personne a géré les affaires d'un autre *animo donandi*, elle perd tout droit à l'action *negotiorum gestorum*. Cette intention de servir gratuitement autrui peut

[1] L. 24, C. *de Neg. gest.*

s'induire de la position respective des parties ou des liens d'affection, de parenté, de reconnaissance qui les unissent.

Ainsi, un affranchi a géré les affaires des filles en tutelle de son ancien patron, il ne peut exercer aucun recours, parce qu'on suppose que sa conduite lui a été imposée *officio nec minus obsequio* [1].

On suppose de même que celui qui, étant lié d'amitié avec une personne, demande, après la mort de celle-ci, des tuteurs pour son fils, ou fait destituer les tuteurs suspects qui lui avaient été donnés, n'a pas agi dans l'intention de créer une obligation à la charge du pupille, et on lui refuse toute action [2].

La loi 13, C. *de neg. gest.*, applique le même principe lorsqu'elle dit que si vous avez dépensé de l'argent pour la maladie de votre femme, vous n'avez pas d'action pour le répéter. En effet, le devoir le plus rigoureux vous imposait de faire, dans cette circonstance, tous les sacrifices possibles, et il n'est pas permis de supposer que vous ayez fait ces dépenses dans l'espoir de les recouvrer plus tard. Cependant la loi faisait une distinction entre les frais occasionnés par la maladie et les frais funéraires ; et pour ces derniers, elle accordait au mari, qui semblait les avoir avancés *quasi recepturus*, une action *negotiorum gestorum* contre le beau-père auquel la dot retournait. — Pour les Romains, sans doute, la mort ne détruisait pas seulement le lien matériel du mariage, mais aussi tout lien moral entre

[1] L. 5, C. *de Neg. gest.*
[2] L. 44, D. *de Neg. gest.* L. 1, C. *de Neg. gest.*

les époux; dès lors, le mari qui acquittait les frais
funéraires de sa femme ne remplissait plus un devoir,
il gérait simplement les affaires de son beau-père !

Il y avait encore des actes qui étaient toujours présumés accomplis dans un esprit de générosité et de libéralité. Ainsi on refusait l'action *negotiorum gestorum* à
la personne qui avait fourni des aliments à sa nièce [1].
La loi 15, C. *de neg. gest.* dit de même, que si vous
avez nourri vos belles-filles, vous ne pouvez répéter
vos dépenses. Mais si vous leur avez fait des avances
pour un autre objet, et que vous ayez eu l'intention
de les recouvrer, il y a quasi-contrat de gestion d'affaires.

Lorsque les parties sont unies par les liens de parenté les plus étroits, *l'animus donandi* se présume toujours, mais il peut être détruit par une intention contraire clairement manifestée. Cependant en présence
de la loi 11. C. *de neg. gest.*, on peut se demander si
une mère, par exemple, doit être admise à prouver
qu'elle n'a fourni des aliments à ses enfants qu'en vue
de les répéter : *Alimenta quidem quæ filiis tuis præstitisti,
tibi reddi non justa ratione postulas; cum id, exigente
materna pietate feceris. Si quid autem in rebus eorum utiliter et probabili more impendisti, si non hæc et hoc materna liberalitate, sed recipiendi animo fecisse te ostenderis,
in negotiorum gestorum actione consequi potes.* Cette loi
semble faire une distinction entre les choses de première nécessité et les simples avances faites pour tout
objet, et refuser toute action au premier cas, quelle

[1] L. 27, § 1, D. *de Neg. gest.*

qu'ait été l'intention de la mère. Mais Paul, consulté sur cette question, décide dans la loi 34, D. *de neg. gest.*, qu'il ne saurait être douteux qu'une mère n'est pas obligée de fournir gratuitement des aliments à ses enfants, et que si elle a manifesté l'intention contraire, elle a l'action de gestion d'affaires pour les répéter.

Il peut arriver qu'une personne se porte caution *d'une dette*, non pas dans le but de garantir le payement, mais pour déterminer principalement le créancier à contracter un engagement qu'elle a le plus grand intérêt à voir réaliser. Dans ce cas, on suppose que le fidéjusseur n'a voulu obliger personne, mais a plutôt agi *animo donandi*, et on lui refuse l'action *negotiorum gestorum*. La loi 60, D. *mandati*, nous en donne un exemple : *Seïus* se propose d'épouser *Sempronia*; la mère de celle-ci lui a promis une dot. *Titius*, parent de la fiancée, sans en avoir reçu mandat, écrit à *Seïus* qu'il apprend son projet de mariage avec joie, et pour le déterminer à entrer dans sa famille, *quo magis conciliet animum ejus domi suæ*, qu'il se porte caution de la dot promise. *Titius* aura-t-il une action *negotiorum gestorum* contre la mère de *Sempronia*, s'il paie la dot? Non, répond la loi, car c'est moins l'intérêt de la débitrice qui l'a déterminé à se porter caution que son désir de voir *Seïus* entrer dans sa famille.

Lorsqu'un gérant a entrepris une affaire, non en vue de l'intérêt du maître, mais dans son intérêt propre, *deprædandi causa*, il a, suivant Labéon, plutôt géré sa propre affaire que celle d'autrui; et on lui refuse toute action *negotiorum gestorum*.

Cependant la loi 6, § 3, D. *de neg. gest.*, après avoir

posé ce principe, lui accorde le droit d'agir contre le maître; mais jusqu'à concurrence seulement de l'enrichissement définitif produit par ses actes de gestion. Cette décision a été critiquée; comment a-t-on dit, le délit d'un homme peut-il lui donner droit à une action? Noodt a supposé une erreur dans le texte, et a substitué à *actionem* le mot *exceptionem*.

CHAPITRE DEUXIÈME.

DE LA CAPACITÉ EN MATIÈRE DE GESTION D'AFFAIRES.

Les obligations qui résultent de la gestion d'affaires peuvent naître entre toute personne, de quelque sexe qu'elle soit, c'est ce qu'Ulpien nous apprend dans la loi 3 § 1 ; après avoir dit, *hæc verba, si quis, sunt accipienda, sivæ quæ* ; il ajoute : *Hanc et mulieres negotiorum gestorum agere posse, et conveniri non dubitatur.*

Lorsqu'une personne gère les affaires d'une autre, celle-ci devient obligée sans que sa volonté soit intervenue. Il faut donc poser en principe qu'il n'est pas nécessaire que le *dominus* soit capable de donner un consentement valable, pour qu'il soit soumis à l'action *negotiorum gestorum*. Ainsi j'ai administré les biens de Titius, qui est *furiosus*, je n'en ai pas moins une action de gestion d'affaires contre lui pour me faire indemniser de mes dépenses utiles [1]. On donne la même action au curateur pour se faire rembourser ce qu'il a avancé dans l'intérêt du *furiosus* ; seulement cette action est *utilis*, dit Pothier, parce que ce curateur n'a pas agi de son propre mouvement, mais parce qu'il y était obligé *necessitate officii*.

Pour gérer les affaires d'autrui, au contraire, il faut être capable de s'obliger ; ainsi un *furiosus* ne pourrait être *negotiorum gestor*, à moins qu'il ne fût dans un inter-

---

[1] L. 3, § 5, D. *de Neg. gest.*

valle lucide. S'il a géré, sans être dans un intervalle
lucide, le maître peut reprendre les choses qui lui
appartiennent, mais il n'a aucune action pour se faire
indemniser des pertes qu'il a subies.

Il résulte de ce que nous venons de dire, que l'impu-
bère qui, suivant le droit commun, ne peut s'engager
sans l'autorisation de son tuteur, parce qu'il n'a pas
l'intelligence nécessaire pour comprendre la portée de
ses actes, doit avoir la capacité de s'obliger envers le
gérant de ses affaires, puisqu'aucun consentement n'est
nécessaire de sa part. Il doit donc être soumis comme
un majeur à l'action de gestion d'affaires pour indemniser le gérant des déboursés, qu'il a faits, dans son intérêt. Cependant tous les textes n'accordent un recours
contre lui, que *qua tenus locupletior factus est.* « Si on a fait
les affaires d'un pupille, dit la loi 3 § 4 de notre titre, il
peut, d'après le rescrit d'Antonin, être actionné jusqu'à
concurrence du bénéfice qu'il a retiré ; mais s'il actionne
lui-même, il doit souffrir la compensation de ce qui a été
fait. »

Il est difficile de comprendre, comme le fait remarquer
Pothier [1], pourquoi le droit romain avait fait, en faveur
des impubères, une exception aux règles ordinaires de la
gestion d'affaires. Il n'y avait aucune raison pour appliquer, en cette matière, un principe seulement équitable
dans le cas où l'obligation est nulle, et qui ne peut être
admis lorsque les obligations sont valablement formées
ex re. Et d'ailleurs pourquoi distinguer l'action *negotiorum gestorum* de l'action *tutelæ*, qui permet au tuteur de

[1] *Du Quasi-Contrat, Negot. gest.*, no 221.

recourir contre le pupille pour toutes les dépenses utiles qu'il a faites, quoique des événements imprévus aient fait disparaître cette utilité [1] ?

Lorsque le pupille a géré les affaires d'autrui, il a droit à l'action *contraria negotiorum gestorum* pour se faire indemniser de ses dépenses utiles. Mais comme il est, en principe, incapable de s'obliger, le maître n'a pas droit *ipso jure* à l'action *directa negotiorum gestorum*. Cependant si la gestion l'a enrichi, il peut être actionné dans cette limite; de plus, si le pupille intente lui-même l'action contraire, on pourra lui opposer en compensation le compte de sa gestion [2].

La loi 15, D. *de neg. gest.*, suppose le cas où une personne a géré les affaires d'un pupille, et a continué sa gestion, quoique celui-ci fût arrivé à la puberté; et elle décide qu'on doit accorder l'action *negotiorum gestorum*, suivant la condition du *dominus*, au moment où l'affaire a été entreprise. Mais si vous avez géré plusieurs affaires et que l'une d'elles ait été commencée depuis la puberté du *dominus*, vous pourrez, pour celle-ci, intenter une action pour toutes les dépenses utiles, et non plus seulement dans les limites de l'enrichissement définitif que vous avez occasionné.

Lorsqu'on gérait les affaires d'une personne absente, qui se trouvait en esclavage chez l'ennemi, suivant le droit commun, il ne pouvait naître aucune action *negotiorum gestorum*. Mais en vertu du *jus postliminii*, comme le captif qui rentrait dans sa patrie était censé n'en être jamais sorti, à son retour, les actions de ges-

[1] L. 3, § 7, D. de Cont. tut. art.
[2] L. 3, § 4, D. de Neg. gest.

tion d'affaires étaient valablement exercées. S'il était
mort chez l'ennemi, la loi Cornelia permettant de considérer l'homme, mort en captivité, comme ayant cessé
d'exister du jour où il avait perdu la liberté ; le gérant
pouvait également recourir contre ses héritiers [1].

Le quasi-contrat de gestion d'affaires ne pouvait se
former entre deux personnes, dont l'une se trouvait
sous la puissance de l'autre. Ainsi un fils de famille a
géré les affaires de son père, pendant qu'il était *in potestate ;* la personnalité du gérant se confondant, pour
ainsi dire, avec celle du maître, il ne peut être question
de droit de recours. Mais si le fils de famille est éman-
cipé, lorsqu'il a entrepris sa gestion, il est alors capable
de s'obliger envers son père, et réciproquement son
père peut s'obliger envers lui [2].

Le même principe était appliqué dans les rapports du
maître vis-à-vis de l'esclave ; aucune action ne pouvait
naître entre eux. Aussi la loi 17 de notre titre nous
dit-elle qu'un affranchi n'est pas comptable d'une gestion d'affaires qu'il a entreprise *in servitute.*

Cependant Ulpien ajoute que si la gestion a été con-
tinuée après l'affranchissement, et que l'affaire soit
connexe au point de ne pouvoir être divisée, l'action
negotiorum gestorum sera accordée pour les actes accomplis *in servitute* et *in libertate.*

A ce propos, une question divisait les Proculéiens et
les Sabiniens. Les premiers voulaient ajouter une seconde exception au principe que l'esclave n'est point
obligé pour les actes, qu'il a accomplis pendant sa ser-

[1] L. 12, D., L. 19, et L. 21, *de Neg. gest.*
[2] L. 12, C. *de Neg. gest.* L. 37, D. *de Neg. gest.*

vitude, dans le cas où le maître abandonnait le pécule à l'affranchi. Suivant eux, l'affranchi, à qui on a laissé le pécule, doit *præstare bonam fidem*; et ainsi, de même que toute personne, qui gère les affaires d'autrui, doit rendre compte de sa propre dette, la bonne foi exige qu'il comprenne, dans sa nouvelle administration, ce qu'il doit de sa gestion accomplie pendant son esclavage, quoiqu'il n'y ait entre elles aucune connexité, puisqu'il a un pécule sur lequel sa dette peut être retenue [1].

Paul, dans la loi 19 *in principio*, réfute l'argument des Proculéiens, en disant qu'il importe peu de savoir, pour la solution de cette question, si l'affranchi conserve ou non son pécule; car, dans un cas comme dans l'autre, il est toujours obligé *naturellement*, et par suite, s'il continue de gérer, il doit se payer à lui-même, comme l'homme libre, qui a laissé prescrire sa dette, reste tenu de l'acquitter par l'action *negotiorum gestorum*. — La conclusion, comme le fait remarquer Cujas, serait donc que le principe, posé par la loi 17, deviendrait inapplicable; c'est-à-dire que l'esclave serait toujours responsable des actes accomplis *in servitute*.

Pothier [2] prétend que Paul en dit trop peu pour réfuter les Proculéiens. Il eût pu ajouter, dit-il, que l'homme libre, à qui ils comparaient cet esclave, était tenu par une obligation civile, parce qu'il ne s'était pas payé à lui-même, et que l'esclave n'avait pu contracter d'obligation civile par rapport à ce qu'il avait géré comme esclave; d'où il suit qu'il n'est pas tenu, comme homme libre, à l'imputer sur sa gestion d'affranchi.

[1] L. 18, D. *de Neg gest.*
[2] C. Pand. III, V, XXVIII.

CHAPITRE TROISIÈME.

DES OBLIGATIONS QU'ENGENDRE LA GESTION D'AFFAIRES.

—

SECTION Iᵉ.

OBLIGATIONS DU *negotiorum gestor.*

Les obligations du *negotiorum gestor* peuvent se réduire à deux principales, desquelles découlent toutes les autres : 1º Administrer en bon père de famille ; 2º Rendre compte de sa gestion.

1º *Il doit administrer en bon père de famille.* — Contrairement à ce qui a lieu en matière de mandat, le *negotiorum gestor* n'est responsable, en principe, que des affaires qu'il a gérées. Cependant il existe des cas où il est obligé même pour ce qu'il n'a pas fait : ainsi il doit achever l'affaire commencée, même après la mort du maître [1]. Rien de plus juste que cette décision, car le gérant, en s'immisçant dans les affaires d'autrui, a pu éloigner d'autres personnes, qui eussent rendu le même service au propriétaire. S'il laissait l'affaire inachevée, il causerait donc un préjudice dont il doit réparation.

Néanmoins celui qui a entrepris une affaire, n'est pas tenu à gérer toutes celles qui appartiennent à la même personne ; c'est ce qui résulte de la loi 21, de notre titre, *nova inchoare necesse non est.* Toutefois, si ces

---

[1] L. 21, § 2, D. *de Neg. gest.*

affaires étaient des dépendances de cette entreprise, il serait responsable de les avoir négligées [1].

Lorsque le gérant s'est présenté comme devant comprendre dans sa gestion toutes les affaires du maître, il faut décider qu'il est obligé de faire tout ce que comporte l'administration d'un patrimoine; car, comme nous venons de le dire, son immixtion a pu éloigner d'autres personnes qui eussent fait ce qu'il a négligé de faire. C'est, du reste, une question d'appréciation, sur laquelle les circonstances devront avoir un grand poids, que de savoir si un gérant a eu l'intention d'entreprendre une administration générale, ou simplement la gestion d'une affaire distincte et déterminée [2].

De cette première obligation du gérant, d'administrer en bon père de famille, il résulte que s'il est débiteur envers le *dominus* d'une certaine somme, il en doit les intérêts, à partir du jour de l'échéance, même si la dette n'en produisait pas auparavant [3]. Un bon père de famille eût, en effet, exigé le payement le jour de l'échéance, afin de placer cet argent à intérêts, ou de l'employer à ses affaires.

Le gérant, étant censé s'être payé à lui-même sa propre dette, ne serait donc pas admis à opposer la d'échéance de cette dette, par suite de l'expiration du terme, au delà duquel il était convenu qu'elle ne serait plus due [4].

Ainsi si quelqu'un s'est rendu caution envers moi

[1] L. 31, § 2, D. de Neg. gest.
[2] L. 6, § 12, et L. 8, Pr. de Neg. gest.
[3] L. 6, § 2, D. de Neg. gest.
[4] L. 8 et 18, D. de Neg. gest.

pour un de mes débiteurs, à la condition que son obligation s'éteindrait à sa mort, et ne passerait pas à ses héritiers, pour que je ne puisse exercer aucun recours contre ces derniers, il faudra que ce fidéjusseur n'ait pas été mon *negotiorum gestor*, pendant que le débiteur était insolvable; car autrement je serais admis à opposer aux héritiers, que leur auteur était tenu, comme *negotiorum gestor*, d'exiger de lui-même le montant de sa dette, et qu'ils ont par conséquent succédé à cette obligation, qu'il aurait dû remplir de son vivant. C'est ce qui ressort également de ces expressions de la loi 8, D. *de neg. gest.*, *idem erit dicendum et in ea causa ex qua heres non tenetur*.

Disons cependant que le gérant ne serait pas responsable de ne pas s'être payé à lui-même sa propre dette, si son payement était subordonné à une condition qu'il n'était pas en son pouvoir de remplir. Par exemple, si, au moment du payement, le créancier devait lui donner en retour un certain objet, et que cet objet ne se trouvât pas dans le patrimoine du *dominus*, la prescription continuerait à courir au profit du gérant.

On ne saurait davantage imputer à celui qui s'est chargé de vos affaires de n'avoir pas exigé ce qui vous était dû par les autres débiteurs. Car n'ayant pas de procuration pour les poursuivre, il ne pouvait les contraindre à acquitter leurs dettes [1]. Nous avons déjà vu, en effet, qu'on ne pouvait intenter une action en justice comme demandeur, qu'en vertu d'un mandat, à moins de se trouver uni avec le *dominus* par des rapports de parenté ou de copropriété.

Au moyen de l'action *negotiorum gestorum*, le *dominus*

[1] L. 6, § 12, D. *de Neg. gest.*

pourra donc réclamer du gérant les intérêts des sommes qu'il aurait dû se payer à lui-même, ou qu'il eût pu exiger des débiteurs. La loi 38 ne soumet, dans ce cas, le gérant qu'aux intérêts ordinaires, et non aux *maximæ usuræ*, qui constituent la peine des administrateurs infidèles. Car, dit-elle, le *negotiorum gestor* qui n'a pas employé les sommes exigibles dans l'intérêt du *dominus*, ne saurait être assimilé au tuteur qui a fait servir à son profit le patrimoine du pupille. Le *negotiorum gestor* possédait cet argent avant sa gestion, il ne l'a pas distrait de son administration, *et multum refert incipiat tunc debitum an ante nomen fuerit debitoris : quod satis est ex non usurario facere usurarium.*

En règle générale, les personnes qui ne sont pas intéressées dans l'acte qui les oblige, et qui rendent un service gratuit, ne sont tenues que de leur dol et de leur faute légère *in concreto*. Cependant le *negotiorum gestor* était tenu, de même que le mandataire, de la faute que le père de famille le plus diligent n'eût pas commise, ainsi que nous l'apprennent les Instituts : *quo casu ad exactissimam quisque diligentiam compellitur reddere rationem, nec sufficit talem diligentiam adhibere qualem suis rebus adhibere solet, si modo alius diligenter commodius administraturus esset negotia* [1]. Cette rigueur, en ce qui concerne le *negotiorum gestor*, venait de ce que, comme nous l'avons déjà dit, l'immixtion dans les affaires d'autrui était, par elle-même, considérée comme une faute, *culpa est se immiscere rei ad se non pertinenti.*

[1] L. 3, t. 27, § 1.

Il faut donc décider que le *negotiorum gestor*, qui a acquitté une dette, que le créancier ne pouvait plus réclamer, doit seul supporter la perte, s'il ne peut rentrer dans ses déboursés [1].

La loi 13, de notre titre, nous fournit un exemple qui donne une idée assez exacte de la responsabilité du gérant, et de la faute qui peut lui être imputée. Paul suppose que mon débiteur est mort, et qu'après m'être constitué le *negotiorum gestor* de la succession, j'ai déposé dans une cassette tout l'argent héréditaire ; et il se demande si je conserve le droit de réclamer aux héritiers le remboursement de ma créance, au cas où la cassette viendrait à être détruite par un événement quelconque ? Le jurisconsulte répond que mon droit est demeuré intact, si j'avais de justes motifs de ne pas me payer de suite à moi-même la somme qui m'était due ; par exemple, si la conservation de cet argent était nécessaire pour empêcher de vendre les biens en public. Mais que si, au contraire, rien ne s'opposait à ce que ma créance fût touchée aussitôt, je suis en faute de ne l'avoir pas fait, et par conséquent j'ai perdu tout droit de recours.

Toutefois, la responsabilité du gérant ne s'étendait pas, en principe, aux cas fortuits : *negotium alienum gerentes, non interveniente speciali pacto, casum fortuitum præstare non compelluntur*, dit la loi 22. C. *de neg. gest.* Cependant Proculus rend responsable, même du cas fortuit, le *negotiorum gestor* qui entreprend des affaires hasardeuses, que le *dominus* n'a jamais faites, par exemple, un commerce. Et, dans ce cas, le jurisconsulte

[1] L. 23, D. *de Neg. gest.*

décide que si la spéculation réussit, le gain sera pour le *dominus*; si elle échoue, la perte pour le *negotiorum gestor*; mais il permet, en même temps, de compenser le profit avec la perte [1].

Ajoutons qu'Ulpien n'exige du *negotiorum gestor*, que la bonne foi et le soin qu'il apporte à ses propres affaires, dans le cas où il ne s'est pas immiscé dans les affaires d'autrui de son plein gré, mais a agi, en quelque sorte, contraint et forcé par les circonstances, comme dans l'hypothèse où les biens d'une personne absente, qu'il affectionne, se trouvent en péril [2].

Du principe que celui qui gère la fortune d'un absent est tenu d'accomplir, *cum exactissima diligentia*, tout ce qui rentre dans l'administration du patrimoine, il résulte qu'il doit interrompre les prescriptions. Mais qu'arrivera-t-il, si c'est le *negotiorum gestor* lui-même, qui est en voie d'usucaper un bien appartenant au *dominus*? La loi 19 § 3, *de neg. gest.*, nous donne la solution de cette question. Si, dit-elle, l'usucapion s'est accomplie avant que le gérant ait su que le bien appartenait au maître, l'usucapion s'accomplira, et la propriété sera définitivement acquise au gérant. Mais si ce dernier a su, avant l'expiration du délai, que le *dominus* était le véritable propriétaire, suivant le droit commun, l'usucapion continue à courir, puisqu'elle ne peut être interrompue par la connaissance, que la chose est à autrui, survenue depuis la tradition [3]. Cependant, comme celui qui usucape joue en même temps le rôle de *negotiorum gestor*,

[1] L. 11, D. *de Neg. gest.*
[2] L. 3, § 9, D. *de Neg. gest.*
[3] L. 15, D. *de Acq. rer. domi.*, t. III.

la loi lui ordonne de faire agir un tiers, au nom du *dominus*, pour revendiquer la chose, et elle lui permet d'exercer alors contre son vendeur l'action en garantie. Et on ne pourrait, ajoute-t-elle, l'accuser de dol, dans une semblable hypothèse, car il répondrait qu'il n'a agi que pour éviter le recours du *dominus* par l'action *negotiorum gestorum*.

2° *Il doit rendre compte de sa gestion.* — *Le negotiorum gestor* est tenu de rendre compte des fruits qu'il a perçus depuis le commencement de sa gestion. De même si quelqu'un a déposé entre ses mains une somme d'argent appartenant au *dominus*, d'après les principes que nous venons d'exposer, il doit restituer non-seulement la somme, mais aussi les intérêts à partir du jour où le payement a eu lieu[1].

Si en gérant vos affaires, une personne a perçu des fruits qu'elle ne devait pas percevoir, elle en doit compte au *dominus*, sauf à ce dernier à être tenu lui-même de la *condictio indebiti*[2].

Le gérant est obligé de céder au maître les actions qu'il a acquises par la gestion de ses affaires. Ainsi la loi 48 nous dit que si un frère, en gérant les affaires de sa sœur, a fait promettre au mari de celle-ci de restituer la dot, il pourra être contraint par sa sœur, ou bien à libérer le mari de son obligation, ou bien à lui transmettre ses droits pour obtenir l'exécution de la promesse qui a été faite.

Le gérant, qui s'est chargé de plusieurs affaires, ne

[1] L. 31, § 3, D. de Neg. gest. — L. 12, C. de Usuris.
[2] L. 8, § 1, D. de Neg. gest.

peut pas compenser le profit d'une gestion avec les pertes d'une autre. Il ne peut donc faire entrer en compte ce qu'il a payé de trop en acquittant une dette[1].

Si plusieurs personnes ont géré les affaires du même maître, il n'y a pas solidarité entre eux. Chacun est tenu seulement pour la part qu'il a gérée[2].

SECTION II.

OBLIGATIONS DU *dominus rei*.

La loi romaine, tout en se montrant rigoureuse vis-à-vis du *negotiorum gestor*, devait cependant, en vertu du principe d'équité qui domine cette matière, imposer quelques obligations au *dominus*, et, en première ligne, celle de rembourser les dépenses faites dans son intérêt.

Néanmoins, pour que le *dominus* fût soumis à cette obligation, une condition était exigée, c'est que la gestion eût été utile : *is enim negotiorum gestorum habet actionem qui utiliter negotia gessit, non enim utiliter negotia gerit, qui rem non necessariam, vel quæ oneratura est patremfamilias, adgreditur*[3].

Avant de rechercher ce qu'on doit entendre par gestion utile, nous devons poser ce premier principe que, pour apprécier la gestion, il faut se placer au moment même où elle a lieu, et non à l'époque où le

[1] L. 23, D. *de Neg. gest.*
[2] L. 26, D. *de Neg. gest.*
[3] L. 10, § 1, D. *de Neg. gest.*

recours est intenté : *Sufficit si utiliter gessit, etsi effectum non habuit negotium*, dit la loi 10, § 1, que nous venons de citer. Ainsi, j'ai réparé votre maison, et avant que vous en preniez possession, un incendie la consume, je n'en agirai pas moins contre vous par l'action *negotiorum gestorum*. Et, en effet, l'utilité n'eût-elle existé qu'un seul instant, vous êtes obligé par mon fait, comme si un contrat avait eu lieu entre nous, et peu importent les événements qui viennent vous faire perdre le bénéfice de ma gestion; un accident survenu à votre chose ne saurait vous délier d'une obligation existante.

Cependant, cette règle souffrait exception, lorsque les affaires gérées appartenaient au pupille. Suivant la loi 37, D. *de neg. gest.*, c'est au moment de la *litiscontestatio* qu'on doit rechercher si le pupille est devenu *locupletior*.

Cette loi est aussi difficile à justifier que la loi 6 du même titre, qui, comme nous le savons, n'accorde un recours au gérant, dans cette hypothèse, que pour les dépenses qui ont définitivement enrichi le pupille.

Cujas repousse cette solution, et lui oppose la loi 47, § 2, D. *de solutionibus*, suivant laquelle le pupille qui a acheté une chose sans l'autorisation de son tuteur, et l'a ensuite perdue, n'en pourra pas moins être actionné par le vendeur, puisqu'au moment de la vente il était devenu *locupletior*. Mais, comme on l'a fait remarquer, ces deux lois peuvent parfaitement se concilier, car elles règlent des hypothèses très-différentes.

La loi 46 *de solutionibus*, suppose une dépense *necessaire* faite par le pupille, et alors qu'importe que la chose achetée ait péri depuis, puisque cette chose était indispensable et que le tuteur lui-même ne pouvait refuser son autorisation ; le pupille est toujours plus riche du prix de cette chose qu'il fallait payer, *quo non pauperior factus locupletior est*. Dès lors, quels que soient les événements ultérieurs, le vendeur doit être admis à réclamer le payement du prix.

La loi 37, de notre titre, suppose au contraire, une dépense simplement *utile*, et elle exige, pour que l'action du gérant puisse être exercée, que l'enrichissement existe encore au moment de la *litiscontestatio*. Ainsi on peut conclure de ces deux textes, que lorsque le gérant a fait pour un pupille des dépenses nécessaires, c'est au moment où il les a faites, qu'il faut se reporter pour apprécier le *quatenus locupletior factus est*. Dans le cas de dépenses utiles, il n'est au contraire permis de rechercher l'enrichissement produit qu'à l'époque de la *litiscontestatio*.

Rappelons également de suite, que le *dominus* est délivré de toute obligation envers le gérant, lorsque ce dernier a agi, *animo donandi*, ou malgré sa défense formelle; et que, quand la gestion été faite *lucri causa*, le recours n'est possible que dans la mesure de l'enrichissement qui a été occasionné.

Nous avons vu aussi que dans le cas de gestion des choses d'un pécule, le père de famille n'est jamais tenu au delà du profit qu'il a retiré personnellement de la gestion ou du montant du pécule, lorsque le gérant n'a pas agi *in contemplatione ejus*.

Recherchons maintenant ce qu'il faut entendre par gestion utile. On entend généralement par dépenses utiles celles qu'un bon père de famille n'eût pas manqué de faire pour l'amélioration de son patrimoine. On doit donc, à plus forte raison, reconnaître le caractère d'utilité aux dépenses, en quelque sorte nécessaires, que le gérant a faites pour la conservation du patrimoine ; par exemple, s'il a réparé une maison qui tombait en ruines, s'il a soigné un esclave malade. Dans ces hypothèses, il peut réclamer une indemnité égale à ses déboursés, *poterit, quod impenderit, judicio negotiorum gestorum consequi*[1].

Cependant si les réparations, qui ont été faites à une maison, ne doivent procurer aucun avantage au propriétaire, *oneraturæ sunt patremfamilias*, soit parce que les dépenses sont trop considérables eu égard à la valeur du bâtiment, soit parce que le maître avait le projet de l'abandonner entièrement, il n'y a pas utilité, le gérant n'a droit à aucune indemnité[2].

Les dépenses simplement utiles, c'est-à-dire, celles qui ont été faites en vue d'améliorer le patrimoine, peuvent également donner lieu à un recours pour leur totalité, *quidquid utiliter in rem ejus impenderit, habeat eo nomine actionem*[3] Cependant s'il était prouvé que les dépenses ont été trop considérables, et qu'une somme inférieure eût produit le même résultat, le maître ne sera tenu que jusqu'à concurrence de cette somme : *Si quis negotia aliena gerens, plus quam oportet impenderit, recuperaturum eum id quod præstari debuerit*[4]. De plus ajoutons que l'utilité est toujours relative. Ainsi je construis sur votre terrain, un bâtiment qui est le com-

[1] L. 22, D. *de Neg. gest.*
[2] L. 10, § 1, D. *de Neg. gest.*
[3] L. 2, D. *de Neg. gest.*
[4] L. 25, D. *de Neg. gest.*

4

plément presque indispensable de ce qui existe déjà,
si les dépenses n'ont pas été exagérées, ma gestion est
utile, j'ai droit à une action pour répéter tous mes déboursés. Mais si le maître prouve, par exemple, que la
construction que j'ai faite, n'est pas en rapport avec
ses revenus ; quelle que soit la plus-value donnée à
l'immeuble, je ne pourrai l'obliger à me rembourser
que la valeur que ma gestion peut avoir par rapport à
lui.

Les impenses voluptuaires n'ont, en principe, aucun
caractère d'utilité et ne peuvent donner lieu à un recours [1]. Cependant il semble juste de décider que, si
les améliorations ont accru la valeur vénale du patrimoine, le gérant peut réclamer une indemnité propor-
tionnelle à la plus-value, car ces dépenses deviennent
alors utiles ; et d'ailleurs, il n'y a aucune raison pour
traiter le *negotiorum gestor* plus rigoureusement que le
possesseur de bonne foi [2].

Le principe, que le gérant a droit au remboursement
de ses dépenses utiles, souffre exception lorsque l'effet
de la gestion a été détruit par son dol ou par sa faute [3].
On doit même décider que s'il a causé un préjudice au
maître, il en doit réparation. Ainsi, si le dommage
causé est supérieur aux impenses, le maître peut actionner le gérant en réparation, après avoir toutefois déduit
ce qu'il doit lui-même pour les frais de gestion.

Lorsque le maître a ratifié la gestion, l'utilité est reconnue, et le gérant peut agir pour se faire indemniser

[1] L. 27, D. de *Neg. gest.*
[2] L. 29, D. de *Rei vind.*
[3] L. 22, D. de *Neg. gest.*

de toutes les conséquences de sa gestion. Cette ratification équivaut à un mandat, *ratihabitio mandato œqui-
paratur*; elle rend *utile* ce qui était *inutile*, c'est ce
qu'exprime la loi 9 de notre titre, lorsqu'elle dit:
*Quemadmodum quod utiliter gestum est, necesse est apud
judicem pro rato haberi ; ita omne, quod ab ipso probatum
est.*

Une autre obligation du maître consiste à libérer le
gérant des obligations qu'il a utilement contractées
dans l'intérêt de la gestion. Selon le droit civil romain,
une personne ne pouvait être représentée par une autre
personne non soumise à sa puissance. Il en résultait
que le gérant d'affaires ne pouvait contracter des obligations qu'en son nom, et que le maître n'avait rien
à démêler avec les tiers. Mais la jurisprudence adoucit
peu à peu ce droit rigoureux. Le préteur accorda au
mandant contre les tiers, et aux tiers contre le mandant, des actions *utiles* résultant des opérations faites
avec le mandataire : on appliquait et on étendait à la
fois à cette hypothèse les règles de l'action *institoria*. La
même solution doit être donnée dans le cas de gestion
d'affaires.

Ainsi le gérant a-t-il contracté en son nom, pour des
actes de pure gestion, dont l'utilité est constatée, il
n'est pas seul soumis à l'action du tiers avec lequel il a
contracté; le maître lui-même peut subir un recours
de la part de ce tiers par les actions utiles qui résultent
des opérations qui ont été faites dans son intérêt, et
réciproquement, des actions de la même nature sont
accordées au maître, pour obtenir l'exécution des contrats, dans lesquels son *negotiorum gestor* était partie.

Nous verrons toutefois, en étudiant spécialement les effets de la ratification, que le principe du droit civil qu'on ne peut être représenté par un tiers avait subi quelques exceptions.

Quoi qu'il en soit, le maître doit toujours rendre le gérant entièrement indemne d'une gestion utilement faite ou valablement ratifiée.

———

CHAPITRE QUATRIÈME.

DES ACTIONS *negotiorum gestorum*.

Le quasi-contrat de gestion d'affaires donne lieu aux actions réciproques *negotiorum gestorum*. L'action qui est donnée au *dominus rei*, s'appelle action *directa*, celle du *negotiorum gestor* prend le nom d'action *contraria*.

Nous avons vu que, pour l'exercice de ces actions, le droit civil n'exigeait pas seulement qu'une personne eût géré les affaires d'une autre, mais qu'il voulait, en outre, qu'elle eût agi en considération du véritable maître. Cependant nous avons ajouté que la jurisprudence avait peu à peu rejeté ce rigorisme des anciens principes, et accordait des actions utiles *negotiorum gestorum*, dans un grand nombre de cas, non prévus par le droit civil. C'est le caractère de ces actions civiles et utiles, que nous allons maintenant rechercher.

SECTION Iʳᵉ.

DE L'ACTION *directa*.

On appelle action *directa*, celle qui permet à la personne, dont les affaires ont été gérées, de se faire rendre compte de la gestion, et de contraindre le *negotiorum gestor* à l'exécution des obligations qui résultent de son immixtion dans les affaires d'autrui.

Cette action s'appelle *directa*, parce qu'elle naît du fait même de la gestion ; par opposition à celle qui est donnée au gérant, et qui ne naît qu'incidemment, à l'occasion de la gestion.

Elle n'a pas pour but la revendication d'un droit de propriété ; son objet est uniquement de prétendre que le gérant est tenu à certaines obligations, aussi la loi 23. C. *de neg. gest.*, nous dit-elle, *negotiis gestis non in rem sed in personam est actio.*

Cette action émane du droit civil, comme l'indique la loi 8. C. H. tit., *adversus eos qui negotia tua gesserunt negotiorum gestorum judicio civiliter consiste.* Elle est en outre de bonne foi ; et en effet cette action reposant, même en droit civil, sur l'équité, ne pouvait être rangée parmi les actions *stricti juris* : aussi Gaius (C. IV, § 62) et Justinien (Just., l. 4, t. VI, §. 28) s'accordent-ils pour lui donner ce caractère. De là, il résulte que le juge doit apprécier *ex æquo et bono* les diverses circonstances qui ont donné lieu au quasi-contrat, et tenir compte, dans le règlement, des obligations, de la position respective des parties et de l'intention qui les ont dirigées.

L'action *directa negotiorum gestorum* était perpétuelle dans l'ancien droit romain. Sous Justinien, comme toutes les actions *in personam*, elle fut prescriptible par trente ans[1]. Elle était transmissible aux héritiers[2].

L'action utile *negotiorum gestorum*, que le préteur donnait au *dominus*, lorsque la gestion ne réunissait pas toutes les conditions exigées par le droit civil,

[1] L. 8. C. de Neg. gest.
[2] L. 3, § 7, D. de Neg. gest. — L. 11, Pr. h. tit.

ayait les mêmes effets que l'action civile. La seule
différence qui pût exister était sous le système formulaire, que l'action utile était rédigée *in factum*, et l'action civile, *in jus*. Mais avec le système formulaire,
cette différence disparut, la similitude fut complète,
comme l'indique cette loi : *Nec refert, directa quis,
an utili actione agat vel conveniatur; quia in extraordi-
nariis judiciis, ubi conceptio formularum non observatur,
hæc subtilitas supervacua est, maxime quum utraque actio
ejusdem potestatis est, eumdemque habeat effectum* [1].

SECTION II.

DE L'ACTION *contraria.*

L'action *contraria negotiorum gestorum* permet à celui
qui a utilement géré les affaires d'autrui, d'obtenir le
remboursement de ses déboursés, et la libération des
obligations qu'il a contractées.

Nous avons vu, dans le chapitre précédent, qu'elle ne
dérivait pas nécessairement du fait même de la gestion
et qu'elle ne pouvait être exercée que dans des cas dé-
terminés. Il pouvait aussi arriver que le recours n'eût
pas lieu par cette action, *contraria*, même lorsque
la gestion renfermait tous les caractères d'utilité
exigés par la loi. Par exemple dans l'hypothèse où le
gérant a agi *sui lucri causa*, la loi 6 du § 3, D. de notre
titre, ne lui accorde qu'une action pour répéter *non in
quod ei abest, sed in quod (dominus) locupletior factus est.*

[1] L. 47, § 1. D. de Neg. gest.

Or, comme le fait observer Pothier[1], il ne faut pas confondre cette action avec l'action *contraria negotiorum gestorum*, qui n'a pas seulement pour but de réclamer ce dont le maître s'est enrichi, mais toutes les dépenses qui ont été utilement faites. Il faut donc dire que cette disposition ne donne au gérant qu'une sorte d'action *de in rem verso*.

L'action *contraria* est, comme l'action *directa*, civile, de bonne foi, et ne se prescrit que par trente ans. L'action utile a les mêmes effets que l'action civile.

[1] *Du Quasi-Contrat, de Neg. gest.*, n° 193.

CHAPITRE CINQUIÈME.

DE LA RATIFICATION DES ACTES D'UN *negotiorum gestor.*

En traitant des obligations du *dominus rei*, nous avons dit qu'elles ne prenaient pas uniquement naissance dans le fait de gestion, mais qu'elles étaient subordonnées à une autre condition, l'utilité de cette gestion. Ainsi, d'après la théorie romaine, celui qui gère les affaires d'autrui s'oblige personnellement envers les tiers avec lesquels il contracte pour les besoins de l'administration, et il n'a droit de réclamer une indemnité au maître, et d'obliger celui-ci à le rendre indemne des engagements qu'il a pris, qu'autant que l'affaire gérée a été d'une incontestable utilité.

Cependant il se peut produire, de la part du maître, un fait qui modifie sensiblement ces principes, c'est la ratification de la gestion.

Nous avons déjà eu plusieurs fois l'occasion, dans le cours de cette étude, de mentionner quelques-uns de ses effets. Nous avons vu, par exemple (ch. I, sect. I). que la ratification d'un acte étranger au maître, en dehors de l'administration de son patrimoine, avait pour résultat de le lui approprier. C'est ainsi qu'au cas où le gérant s'est fait payer ce qui n'était pas dû au maître, ce dernier est tenu de la *condictio indebiti* à l'égard du *tradens*, s'il a ratifié [1].

Ajoutons ici qu'on doit également considérer comme

---

[1] L. 6, § 9, et L. 8, § 1, *de Neg. gest.*

étrangers aux maîtres, jusqu'à la ratification, tous les actes qui excèdent les pouvoirs d'une administrateur ordinaire. Gérer, en effet, consiste simplement à administrer le patrimoine d'un tiers, c'est-à-dire à faire tout ce qui est nécessaire pour sauvegarder les intérêts de celui qui ne peut lui-même agir. La loi 1, D. du titre que nous analysons, nous indique suffisamment le but de l'édit qui a sanctionné cette immixtion dans les affaires d'autrui, et en même temps l'étendue des droits du gérant, lorsqu'elle dit : « *Hoc edictum necessarium est, quoniam magna utilitas absentium versatur, ne indefensi rerum possessionem, aut venditionem patiantur, vel pignoris distractionem, vel pœnæ committendæ, actionem vel injuria rem suam amittant.* » Ainsi, la loi n'ayant en vue que de protéger le patrimoine des absents contre les dangers du défaut d'administration, il faut décider que la *negotiorum gestio* ne comprend que les actes qui ont pour résultat de conserver ou d'améliorer. Le gérant doit donc faire tous les actes d'un bon administrateur, employer l'argent suivant les habitudes du maître, réparer ce qui se détériore ; dans tous ces cas, il oblige le maître, dès que l'utilité de son fait a été reconnue. Mais quant aux actes qui excèdent les pouvoirs d'un administrateur, comme l'aliénation des immeubles, en principe, il n'a pas le droit de les accomplir ; s'il les a exécutés, le maître n'est lié qu'en les ratifiant.

La ratification n'a pas seulement pour effet de rendre propres au maître des actes qui lui sont étrangers, ou qui excèdent les pouvoirs ordinaires d'un administrateur, elle reconnaît en même temps l'utilité de l'affaire gérée. C'est ce que le droit romain exprimait par cette

formule : *Ratihabitio mandato æquiparatur.* Envisagée à
ce point de vue, elle sera donc importante à obtenir,
même pour les actes de simple administration, puisqu'elle ne permettra plus de discuter leur utilité.

Ainsi la ratification assimile le gérant au mandataire,
c'est-à-dire que celui qui a agi dans l'intérêt d'autrui,
peut réclamer, par l'action *negotiorum gestorum contraria,*
le remboursement de toutes ses dépenses, l'indemnité
de toutes ses pertes, comme s'il en avait reçu mandat.
L'idée de mandat est donc simplement un type, qui sert
à régler les rapports des parties.

Observons que la ratification n'a pas besoin d'être
formellement exprimée. Elle peut résulter du silence
que le maître a conservé, après avoir eu connaissance
de ce qui a été fait dans son intérêt, et, en général, de
tous les événements qui sont de nature à faire présumer
qu'il approuve tacitement la gestion.

Nous savons, qu'en principe, le droit romain n'admettait pas la représentation d'une personne par une autre.
Le gérant promettait ou stipulait en son nom, et s'obligeait ainsi seul envers les tiers : il n'y avait aucune re-
lation civile entre les tiers et le maître. Ainsi le gérant
avait-il acquis une action personnelle contre un tiers,
dans l'intérêt de sa gestion, il devenait seul créancier;
et si le maître approuvait l'acte, le gérant devait lui
céder son action, en le constituant *procurator in rem
suam.*

La ratification ne pouvait avoir un effet plus étendu,
puisqu'elle assimilait la gestion au mandat, et qu'un
mandant n'eût pas eu d'autre moyen d'exercer l'action
acquise par son mandataire.

De même, avant Justinien, il y avait des modes de transmission de la propriété, comme la mancipation, qui n'admettaient pas la représentation. Si donc le gérant acquérait de cette façon un immeuble, le droit reposait véritablement sur sa tête, et il devait remanciper au maître la chose pour lui transmettre le droit qu'il avait acquis en vue de sa personne.

On le voit, en présence de ces principes, la ratification du maître ne pouvait avoir aucun effet vis-à-vis des tiers, qui ne reconnaissaient que le gérant pour créancier ou pour débiteur.

Mais la règle, qu'on ne peut être représenté par autrui dans les actes de la vie civile, avait subi quelques exceptions, ainsi que nous l'avons déjà dit.

On admit, notamment, que le payement des obligations était une opération, dans laquelle le créancier pouvait intervenir par un représentant. De plus, sous Justinien, la tradition qui, de tous les modes de transférer la propriété, était le plus usité, permettait à un tiers d'acquérir pour le compte d'autrui. Dans ces hypothèses donc, des relations s'établissaient *directement* entre le maître et les tiers. Étudions les effets de la ratification relativement à ces actes.

Nous allons examiner d'abord, l'opération qui a pour résultat l'extinction d'une obligation.

Lorsque le maître ratifie le payement qui a été fait en son nom, entre les mains de son *negotiorum gestor*, le débiteur est libéré, et sa libération date du payement par l'effet rétroactif de la ratification. En effet, nous avons déjà vu que la ratification équivaut à un mandat : ce que le gérant a fait, le maître l'approuve , il en prend la responsabilité ; il se substitue au gérant, et ne fait aucune promesse nouvelle au tiers. Par conséquent, tous les effets juridiques du payement ne peuvent découler que des actes du gérant, et doivent dater du jour où ces actes ont été accomplis[1].

Ainsi la ratification ne doit donc pas seulement rétroagir à l'égard des parties, mais aussi à l'encontre des droits acquis par des tiers dans l'intervalle du payement à la ratification. C'est du reste ce qui est reconnu par plusieurs textes, au Digeste.

La loi 71, D. *de solutionibus,* suppose qu'un créancier, ignorant le payement reçu par son gérant, a fait acceptilation à l'esclave ou au fils de son débiteur, et, qu'ayant ensuite appris le payement effectué en son nom , il le ratifie ; et elle décide que, dans ce cas, le payement est valable, et que l'acceptilation perd tout effet : *Confirmatur solutio et quod acceptum latum sit, nullius momenti est ; et contra si ratum non habuerit, quod acceptum fuerit, confirmatur.* On le voit, la ratification rétroagit malgré tous les droits acquis ; elle permet même de rétracter un bienfait.

Le § 1 de cette même loi 71 suppose également qu'un fidéjusseur, obligé pour un certain temps, a acquitté la dette qu'il avait cautionnée entre les mains d'un gérant. Mais le créancier ne ratifie le payement qu'après l'expiration du terme, auquel le fidéjusseur se trouvait libéré ; ce dernier pourra-t-il répéter ce qu'il a payé? Non, dit la loi, car, lorsqu'il a acquitté la dette, il était encore tenu *ex causa fidejussionis*; il n'aura d'autre ressource

---

[1] *Voir*, sur ce point, la dissertation de M. Labbé, ayant pour titre : *Des effets de la ratification des actes du gérant d'affaires.*

que de recourir contre le débiteur principal par l'action *mandati*.

La loi 58 § 2, de ce titre *de solutionibus*, donne encore une décision analogue : *Et si duo rei stipulandi sunt, quorum alterius absentis procuratori datum, antequam is ratum haberet, interim alteri solutum est, in pendenti est posterior solutio, ac prior; quippe incertum est, debitum an indebitum exegerit.*

Il est donc manifeste que la ratification rétroagit d'une manière absolue au jour du payement. Quant à l'acquisition des droits réels, nous avons dit que la tradition, sous Justinien, admettait la représentation. Si donc le gérant a acquis quelque chose pour le maître en agissant en son nom, et que le maître ratifie cette acquisition, il faut décider, d'après les principes que nous venons d'exposer, que la propriété lui est transférée du jour de la tradition. D'ailleurs, la loi 24, D. de notre titre *de neg. gest.*, fournit un puissant argument en faveur de cette théorie : *Si ego hac mente pecuniam procuratori dem, ut ea ipsa creditoris fieret : proprietas quidem per procuratorem non adquiritur. Potest tamen creditor, etiam invito me, ratum habendo, pecuniam suam facere; quia procurator in accipiendo creditoris duntaxat negotium gessit; et ideo creditoris ratihabitione liberor.* Et, en effet, comme on l'a fait observer, « puisque la loi déclare que le débiteur ne peut plus disposer de la chose, il est donc mis dans le cas d'être dépouillé de la propriété du jour de la délivrance faite au gérant. Il est donc menacé de la rétroactivité de la ratification du créancier. Si la ratification ne rétroagissait pas et si le débiteur ne cessait d'être propriétaire que du jour de cette ratification, est-ce

qu'il n'aurait pas jusque-là la libre disposition de sa
chose[1] ? »

La loi 25 C. *de donat. inter virum et uxorem* semble,
du reste, avoir formellement consacré cette rétroactivité
de la ratification quant à la translation de propriété.

Les mêmes règles sont applicables dans le cas où
le gérant a aliéné au nom du maître. Ce dernier, par sa
ratification, perdra toute propriété, du jour où la translation aura été consentie par le gérant.

On pouvait également acquérir la possession *per extra-
neam personam* : et, ainsi que nous l'apprennent les sen-
tences de Paul (L. 5, t. 2 § 2), la ratification était encore
indispensable : *absente autem domino comparata non aliter
ei, quam si rata sit quæritur.* Mais on s'est demandé si les
règles, que nous venons de poser au sujet de la rétroactivité de la ratification, n'étaient pas exclues, dans cette
hypothèse, par le caractère particulier de la possession,
élément de fait difficile à concilier avec une fiction.

M. de Savigny[2] décide que la possession qu'un gérant
a procuré ; ne peut commencer que du jour de la ratification : et il refuse d'appliquer à la possession la rétroactivité qui a lieu pour les actes juridiques.

Quoi qu'il en soit, il est incontestable que l'usucapion
ne peut commencer à courir qu'à partir de la ratification. Car, pour usucaper, il faut être de bonne foi : or
on n'est pas de bonne foi, relativement à une chose
qu'on ignore.

La loi 24, D. *de neg. gest.*, que nous avons déjà citée,

[1] M. Labbé, op. cit., p. 21.
[2] *Traité de la possession*, trad. d. Faivre-d'Audelange, p. 31

nous a montré que la ratification pouvait avoir lieu malgré le tiers avec lequel le gérant avait traité. Il résulte également de la loi 24 § 1, D. *ratam rem haberi*, que la seule volonté du maître lui rend propre le contrat fait en son nom, sans que le gérant puisse modifier l'acte qu'il a consenti dans l'intérêt d'autrui, et empêcher la ratification d'intervenir [1].

[1] M. Labbé, *op. cit.*, p. 25 et 26.

DROIT FRANÇAIS.

DE LA GESTION D'AFFAIRES.

CHAPITRE PREMIER

NATURE ET FORMATION DE LA GESTION D'AFFAIRES.

NOTIONS GÉNÉRALES.

Nous avons vu que le droit romain ne reconnaissait que deux sources principales aux obligations, les contrats et les délits; mais que, comme mille autres circonstances pouvaient donner également naissance à des engagements, sans être des contrats ou des délits, il rattachait les obligations qui n'avaient pas véritablement cette origine, à ces deux sources, en disant qu'elles provenaient *comme d'un contrat (quasi ex contractu)*, ou *comme d'un délit (quasi ex delicto)*.

Le Code Napoléon n'a pas adopté la même théorie. Il a reconnu cinq sources aux obligations : les contrats ; les quasi-contrats ; les délits ; les quasi-délits ; la loi. En réalité, c'est toujours la loi qui fait naître l'obligation civile : seulement elle intervient plus ou moins

directement. Lorsqu'il y a contrat, elle ne fait que
sanctionner la convention des parties; dans les autres
cas, tantôt elle attache une obligation au fait *volontaire*
d'une personne, tantôt à une circonstance indépen-
dante de la volonté, en vertu de sa toute-puissance
(art. 1370).

La gestion d'affaires est un quasi-contrat, c'est-à-dire
« un de ces faits purement volontaires de l'homme,
dont il résulte, aux termes de l'article 1371 du Code
Napoléon, un engagement quelconque envers un tiers
et quelquefois un engagement réciproque envers les
parties. » Ainsi qu'on l'a fait remarquer avec raison,
le législateur aurait dû dire un fait volontaire et *licite*,
car c'est ce caractère qui distingue le quasi-contrat du
délit et du quasi-délit.

On a également critiqué la disposition de cet article,
qui, comme on le voit, rattache au fait du gérant, non-
seulement l'obligation de celui-ci, mais aussi celle du
maître. L'article 1370 avait, avec plus de justesse, sem-
blé distinguer les engagements formés *involontairement*
de ceux résultant d'un fait *volontaire* de l'obligé : les
premiers devaient être attribués à l'autorité de la loi,
les seconds aux quasi-contrats, délits ou quasi-délits.
Ainsi, d'après ce système, dans le cas de gestion d'affaires, il eût fallu faire provenir de la loi seule l'obligation
du maître, puisqu'elle est tout involontaire. Mais on
s'accorde généralement pour décider que la véritable
théorie du Code se trouve dans l'art. 1371, et qu'il
faut placer la démarcation légale entre les obligations
qui naissent sans aucun fait de l'homme, et celles qui
viennent à l'occasion d'un fait de l'homme, fait émané

indifféremment, ou de l'obligé, ou de l'autre partie [1].

Le mot *volontaire* de notre définition n'a donc d'autre objet que de distinguer les engagements sans convention provenant du fait de personnes contraintes d'agir, comme les tuteurs ou administrateurs qui ne peuvent refuser la fonction qui leur est déférée, des engagements de ceux qui ont, par exemple, géré les affaires d'autrui sans y être forcés.

Il résulte de ces explications que les règles du quasi-contrat de gestion d'affaires sont applicables, même aux personnes qui n'ont pas géré *proprio motu* les biens d'autrui, mais qui avaient la faculté de ne pas accepter la charge qui leur était confiée, comme l'administrateur légal dont il est parlé dans l'art. 112 du Code Napoléon. Il faut donner la même solution lorsque la gestion a été imposée par la violence ; en effet, en dehors des cas que nous avons énumérés plus haut, le fait seul de l'immixtion donne naissance au quasi-contrat, indépendamment de toute *volonté* de s'obliger. Cependant nous verrons plus tard que le juge doit apprécier la responsabilité du gérant suivant les circonstances (1374).

Ajoutons que le Code Napoléon, en donnant le nom de quasi-contrat aux engagements sans convention, que nous allons étudier, n'a pas entendu les *assimiler* en quelque sorte aux contrats, suivant les principes du droit romain, reproduits plus tard par Pothier, qui voulait voir, par exemple, dans la gestion d'affaires « une espèce de mandat fictif et présomptif, y ayant

[1] Marcadé, sur l'art. 1371.

présomption que celui, dont on a fait l'affaire à son insu, aurait donné l'ordre de la faire, s'il l'eût su, puisqu'il était de son intérêt qu'elle fût faite [1]. » Le législateur moderne a renoncé à toutes ces fictions. En considérant les quasi-contrats comme une source d'obligations civiles, et spécialement en attribuant à la gestion des affaires d'autrui des obligations réciproques entre les parties intéressées, il n'a eu d'autre pensée que de sanctionner les principes de la loi naturelle. Le but de la loi se trouve, du reste, savamment défini dans cette phrase des travaux préparatoires : « Les engagements de cette espèce sont fondés sur ces grands principes de morale, si profondément gravés dans le cœur de tous les hommes, qu'il faut faire aux autres ce que nous désirerions qu'ils fissent pour nous dans les mêmes circonstances, et que nous sommes tenus de réparer les torts et dommages que nous avons pu causer. Les dispositions dont vous entendrez la lecture sont toutes des conséquences, plus ou moins éloignées, mais nécessaires, de ces vérités éternelles [2]. »

Quoi qu'il en soit, le Code Napoléon a puisé une grande partie des principes qui régissent notre matière, dans le droit romain. Nous retrouverons, par conséquent, dans notre étude, la plupart des règles que nous avons déjà examinées; et c'est quelquefois au droit romain que nous serons obligés d'emprunter la solution des difficultés sur lesquelles le droit actuel a gardé le silence.

Nous allons d'abord passer en revue les conditions né-

[1] Du Quasi-Contrat, de Neg. gest., n° 181.
[2] Fenet, t. XIII, p. 165.

cessaires pour qu'il y ait gestion des affaires d'autrui.
Nous verrons qu'il faut : 1º que la gestion ait eu pour
objet l'affaire d'un tiers ; 2º que la gestion ait eu lieu
sans mandat. Nous rechercherons enfin les causes qui
peuvent quelquefois modifier les règles de la gestion d'affaires. Notre matière se divisera ainsi en trois sections.

SECTION Iʳᵉ.

LA GESTION DOIT AVOIR POUR OBJET L'AFFAIRE D'UN TIERS.

En droit français comme en droit romain, la première condition pour qu'il y ait gestion d'affaires, c'est
que l'affaire gérée appartienne à un tiers. Si donc une
personne, croyant gérer l'affaire d'une autre, a géré la
sienne propre, aucune obligation ne peut naître de son
fait. De même si l'affaire gérée n'appartient que pour
partie à celui qui l'a faite, celui-ci n'oblige son co-propriétaire que pour la part qui lui revient.

Pour qu'une personne soit obligée par le quasi-contrat de gestion d'affaires, il n'est pas nécessaire que
l'affaire gérée lui soit propre, il suffit qu'elle ait un
intérêt quelconque à la gestion, par exemple qu'elle
en soit chargée et responsable. Ainsi, en gérant les
affaires d'un pupille, vous pouvez obliger à la fois le
tuteur et le pupille.

Il faut également décider qu'une gestion oblige celui à
qui l'affaire était dans le principe étrangère, s'il vient
à se l'approprier par une ratification. Tel est le cas où
vous ratifiez un payement qui a été fait entre mes
mains par une personne qui se croyait votre débitrice
tandis qu'elle ne vous devait rien ; votre ratification

vous oblige à la restitution de l'indù, et par cela même, vous avez droit de me demander compte de l'argent que j'ai touché.

Cependant la ratification n'empêchera pas l'affaire de vous rester étrangère, si, par exemple, le bénéfice de ma gestion était déjà acquis à une autre personne. Je répare la maison de Paul, croyant qu'elle vous appartient : votre ratification sera impuissante à faire naître entre nous le quasi-contrat de gestion d'affaires ; le véritable maître de l'affaire est seul lié par mon fait.

La gestion peut comprendre une ou plusieurs affaires, mais, comme nous le verrons plus tard, le gérant n'est pas obligé d'entreprendre toutes les affaires d'une personne, par cela seul qu'il en a entrepris une ; il n'est, en général, astreint qu'à terminer l'affaire commencée et à exécuter ce qui en est une dépendance.

La gestion peut avoir pour objet non-seulement les actes d'administration, mais aussi tous les actes accomplis au nom d'une personne, et qui excèdent les pouvoirs ordinaires d'un administrateur, comme l'achat d'une parcelle de terre pour l'adjoindre au patrimoine géré. Nous verrons cependant, en traitant plus spécialement de la ratification du maître, qu'il faut distinguer les faits qui ont pour but la conservation et l'amélioration, de ceux qui n'accèdent pas naturellement à l'affaire ; qu'il y a plutôt, dans ce dernier cas, *stipulation pour autrui* que *gestion pour autrui* ; et qu'une ratification doit nécessairement intervenir pour que le stipulant réclame les droits d'un gérant ordinaire.

S'il est vrai qu'il n'y a gestion qu'autant que l'affaire appartient à un tiers, il n'est pas inutile de dire qu'il faut entendre par tiers, une personne réelle ou fictive ; par exemple, une hérédité ou une société.

Nous avons dit que, pour gérer l'affaire d'une personne, il suffisait de faire un acte que cette personne eût intérêt à voir accomplir. Cependant il ne faudrait pas se hâter de conclure que quiconque a retiré un avantage du fait d'un gérant, soit lié envers lui par le quasi-contrat de gestion d'affaires. Ainsi, j'améliore d'une manière notable la fortune d'un tiers qui a des dettes nombreuses, et j'assure ainsi, par ma gestion, aux créanciers le remboursement intégral de leurs créances ; pourrai-je leur demander le payement de mes frais de gestion, et eux-mêmes seront-ils admis à exiger de moi un compte de gestion ? Nous ne le croyons pas ; car un créancier chirographaire n'a pas sur le patrimoine de son débiteur un droit actuel et spécial, l'intérêt qu'il peut avoir n'est pas nettement déterminé. Je ne suis donc gérant que des affaires du débiteur, et le créancier ne peut m'actionner que du chef de ce débiteur, en vertu de l'art. 1166 du code Napoléon. Il en serait autrement si j'avais spécialement administré une chose sur laquelle des créanciers eussent un droit de préférence, car alors, leur intérêt étant parfaitement établi, il naîtrait entre eux et moi un quasi-contrat de gestion d'affaires ; et je pourrais les actionner aussi bien que le propriétaire de la chose, pour obtenir le remboursement de mes déboursés proportionnellement à leur intérêt [1].

Ne gère pas l'affaire d'autrui celui qui accomplit cer-

---

[1] V. MM. Delamarre et Le Poitvin, t. 1, 127.

tains actes en vue de son intérêt propre, bien qu'un tiers en ait indirectement profité. Ainsi une personne fait construire un canal pour alimenter d'eau son moulin ; cette eau s'écoule sur les propriétés inférieures, et accroît leur fertilité : elle n'a pas d'action de gestion d'affaires contre ceux qui ont ainsi profité de ses travaux, car ce n'est pas l'intérêt de ces derniers qui l'a poussée à agir, mais son propre avantage ; elle a géré son affaire et non celle des autres. C'est ce qui a été décidé dans une espèce analogue à celle que nous avons indiquée par un arrêt de la chambre des Requêtes, du 30 avril 1828 [1], qui tranchait en ces termes la question de droit : « Attendu, en droit, que le quasi-contrat *negotiorum gestorum* n'a lieu que lorsqu'on gère volontairement l'affaire d'autrui; qu'on s'oblige au nom du maître dont l'affaire a été gérée, que l'on travaille et l'on dépense dans l'intérêt de ce dernier..... Rejette. »

Mais il y a quasi-contrat de gestion d'affaires, lorsqu'une personne agit à la fois dans son intérêt et dans celui de ses co-propriétaires. Par exemple, lorsqu'elle répare une maison indivise, il est impossible de lui dénier l'intention d'avoir recherché, en même temps que son avantage, celui des autres intéressés. Il faut même décider qu'il y a gestion d'affaires, lorsque quelqu'un entreprend un travail qui fait présumer que l'intérêt d'un seul n'a pu être simplement recherché, et que le gérant a eu nécessairement en vue l'utilité générale. C'est ce qui ressort d'un arrêté du Directoire, cité par Merlin [2], où il est dit : « qu'il est libre à des

[1] Dalloz, *Oblig.*, 5102.
[2] Rép. vo *Diguage*, no 9.

possesseurs de terres adjacentes de se cotiser comme bon leur semble pour l'amélioration commune de leurs propriétés ; que leurs délibérations à cet égard sont de véritables contrats, qui les obligent par leur propre force et sans la sanction de l'autorité législative ; qu'à la vérité, ces délibérations ne lient pas directement les absents ou refusants, mais que ceux-ci ne peuvent, d'après les principes sur lesquels est fondée l'action appelée *negotiorum gestorum*, profiter du bénéfice des travaux faits pour la conservation et l'amélioration de leurs biens, sans supporter la quote-part de la dépense faite à cette fin. » Ainsi, dans cet arrêté, on suppose que les personnes qui ont entrepris les travaux ont eu dans la pensée d'améliorer le fonds d'autrui. Il est donc conforme aux principes que nous avons énoncés plus haut, de décider qu'il y a, dans cette hypothèse, véritablement gestion d'affaires.

Contrairement à ce qui avait lieu en droit romain, où, comme nous l'avons dit, il était permis de soutenir, comme gérant, un procès pour un tiers, en fournissant caution pour le cas où le tiers ne ratifierait pas, une action en justice ne peut, dans notre droit, être l'objet d'une gestion d'affaires pour autrui.

L'ancienne maxime, en effet, que *nul ne peut plaider par procureur, si ce n'est le roi*, maxime que le Code de procédure civil a consacrée (art. 69 § 4), signifie, suivant Merlin [1], qu'on ne peut représenter une personne en justice, si on n'en a pas reçu un mandat exprès, et par suite, qu'on ne peut être gérant d'affaires pour sou-

---

[1] *Question de droit. — Prescription*, § 15.

tenir le procès d'un tiers. Car, rappelons-le, ce principe qu'on ne plaide pas procureur, n'a d'autre but que de faire figurer en nom dans l'instance les parties intéressées, pour que la condamnation soit prononcée contre elles, et non d'éloigner toute personne intermédiaire qui se présente pour sauvegarder les intérêts qui lui ont été confiés. Dans ce dernier sens, au contraire, on plaide toujours par procureur, puisque le ministère des avoués est imposé aux plaideurs.

Ce qui fait croire, en outre, que le Code de procédure civile a bien entendu consacrer l'interprétation que nous avons donnée plus haut, c'est qu'il n'a exigé nulle part des sûretés contre celui qui agit en justice pour autrui. S'il eût admis cette sorte de gestion d'affaires, il n'eût pas manqué d'imposer au gérant l'obligation de fournir caution, pour assurer à l'adversaire, dans le cas où le maître ne ratifierait pas, que le bénéfice de la décision rendue en sa faveur lui serait conservé.

SECTION II.

LA GESTION DOIT AVOIR EU LIEU SANS MANDAT.

Lorsque nous étudierons les obligations du gérant d'affaires et du maître, nous verrons que la similitude est loin d'être complète entre la gestion sans mandat et celle qui a lieu avec mandat, et nous montrerons l'étrange erreur de Toullier, lorsqu'il dit, qu'il est « très-indifférent que l'exécution des engagements « qui résultent de la gestion d'affaires d'autrui, soit

« poursuivie par l'action dite *negotiorum gestorum*, ou
« par l'action de mandat [1]. »

Il est donc nécessaire de rechercher quand une personne doit être réputée avoir géré les affaires d'une autre, sans avoir reçu une procuration à cet effet.

Nous avons déjà dit que, pour qu'il y eût gestion d'affaires, il fallait que le gérant eût agi *sans le consentement* du maître. Il semble ainsi qu'aucune confusion ne peut exister; ou bien un contrat a eu lieu entre deux parties pour que l'une administre les affaires de l'autre, et alors il y a mandat; ou quelqu'un s'est immiscé de son plein gré dans les affaires d'autrui, et alors il y a gestion.

Cependant, de graves difficultés peuvent se présenter sur la question de savoir si un accord de volontés a eu lieu entre deux personnes, si un contrat s'est formé entre elles. Ainsi, par exemple, quelqu'un a géré une affaire au vu et au su du maître, sans que ce dernier s'y soit opposé; ce silence implique-t-il un consentement? en un mot y a-t-il mandat?

En droit romain, comme nous l'avons vu, le mandat pouvait être tacite. Dès qu'il était prouvé que le propriétaire de l'affaire gérée avait pu manifester sa volonté, et qu'il ne l'avait point fait, son silence était considéré comme approbatif, et par suite un contrat de mandat liait les parties.

Le mandat tacite existait aussi dans l'ancien droit français. — « Toutes les fois, dit Pothier [2], que je fais

[1] *Des engagements sans convention*, n° 26.
[2] *Traité du contrat de mandat*, n° 20.

au su et au vu d'un autre quelqu'une de ses affaires, il
est censé, par cela seul, intervenir entre nous un contrat de mandat, par lequel il me charge de cette
affaire. »

De savants auteurs ont prétendu que le mandat
tacite a été abrogé par le Code Napoléon. Ils s'ap-
puient d'abord, pour justifier leur opinion, sur l'article 1985, qui, après avoir dit que le mandat peut être
donné par acte public ou sous-seing privé, et même par
lettre, ajoute seulement qu'il peut aussi être donné *ver-*
balement, ce qui ne signifie pas *tacitement*. La disposition
finale vient encore, suivant eux, à l'appui de leur interprétation, en disant que : « l'acceptation du mandat
peut n'être que tacite » : disposition qui, ainsi mise en
opposition avec l'acte de procuration, est évidemment
limitative.

Ces mêmes auteurs argumentent aussi de l'art. 1372,
qui met les engagements qui résultent de la gestion des
affaires d'autrui, au rang de ceux qui se forment sans
convention, *soit que le propriétaire connaisse la gestion,*
soit qu'il l'ignore [1].

Nous ne pensons pas cependant que notre législation
repousse d'une manière absolue le mandat tacite. En
effet, lorsqu'un principe se trouve aussi nettement for-
mulé dans le droit romain et notre ancienne jurisprudence, il faut décider que le droit actuel l'a consacré,
dès qu'il ne l'a pas formellement abrogé, surtout en
une matière presque entièrement empruntée à ces deux
législations. Or, cette abrogation se trouve-t-elle, comme

[1] Toullier, *Des engag. sans conv.*, n° 25.

on le prétend, dans l'art. 1985 du Code Napoléon ? Cet article parle bien, il est vrai, d'une acceptation tacite, sans mentionner la *dation tacite*. Mais cela n'implique pas qu'il entende repousser un contrat tacitement formé. Il statue simplement sur un cas qui se présente le plus ordinairement, à savoir qu'une personne a donné un mandat verbal, et que le mandataire l'a exécuté sans accepter expressément, et alors, dit-il, il y a une acceptation tacite « qui résulte de l'exécution qui lui a été donnée ». Ces expressions finales sont, il est vrai, en opposition avec l'acte du mandant, mais pour un cas particulier, celui où il y a eu mandat *verbal* ; et il n'en résulte aucun caractère limitatif. Bien loin de là, comme on l'a fait judicieusement remarquer[1] l'article 1985, en disant que l'acceptation du mandat peut n'être que tacite, favorise plutôt la pensée que la dation peut l'être également, qu'il ne la combat ; car on ne comprend pas comment l'un des termes du contrat pourrait s'établir tacitement, sans que l'autre pût être établi de la même manière.

Et d'ailleurs, pourquoi, lorsque la loi permet de former tacitement d'autres contrats, ferait-elle une exception en ce qui concerne le mandat pour lequel aucune forme solennelle n'est exigée ? Si un locataire, après l'expiration du bail, reste en possession, un nouveau bail se forme *tacitement* entre le locateur et le locataire (1738). Si une personne dépose un objet qui m'appartient, chez Paul, et que je connaisse en quelles mains le dépôt a été effectué, un contrat se forme *tacitement* entre

---

[1] Larombière, sur les art. 1372-1373.

le dépositaire et moi, comme si j'avais agi personnellement (1922). Nous ne voyons aucune raison pour ne pas
appliquer ces règles au sujet qui nous occupe; et, du
reste, Toullier lui-même, après avoir dit que le mandat
tacite a été retranché de nos lois, ajoute qu'il est cependant aussi conforme à la raison que la tacite reconduc-
tion, et que sa suppression ne lui paraît fondée sur aucun motif.

Trouverons-nous davantage, dans l'art. 1372, l'abrogation du mandat formé tacitement? Ces mots, *soit que
le propriétaire connaisse la gestion, soit qu'il l'ignore*, ont-
ils pour effet d'anéantir le mandat tacite, tel qu'il existait en droit romain? Nous ne croyons pas que cet
article ait, comme l'art. 1985, toute la portée qu'on veut
lui donner. Sans doute, le droit français ne veut pas qu'on
considère comme un mandat, la *simple connaissance* qu'a le
maître de la gestion, et que le silence gardé soit suffisant
pour donner naissance à ce contrat; il exige, en outre,
que la gestion ayant eu lieu sous les yeux du maître, ce
dernier ait pu s'y opposer et ne l'ait point fait. Si donc
il est prouvé que le propriétaire de la chose gérée a eu
connaissance de l'immixtion d'autrui dans ses affaires,
se trouvant dans une situation qui ne lui permettait pas
de manifester sa volonté, il ne sera pas permis de considérer une telle gestion, comme ayant été faite avec
mandat; on appliquera les principes des articles 1372
et suivants du Code Napoléon.

Mais il en serait autrement si le maître avait laissé
agir le gérant en sa présence, l'encourageant en quelque sorte par sa non-opposition. Alors on appliquerait
la règle ancienne, *sola patientia inducit mandatum*, non

pas seulement parce qu'il a *connu* la gestion, mais parce qu'il ne s'y est pas *opposé*. On voit, du reste, qu'il est difficile de poser des règles en cette matière ; il y a là surtout une question de fait qui dépend des circonstances, et dont il faut laisser aux tribunaux la souveraine appréciation.

L'existence du mandat tacite en droit commercial n'est pas plus douteux qu'en droit civil. MM. Delamarre et Le Poitvin[1], qui soutiennent que cette sorte de mandat a été abolie par le Code Napoléon, conviennent eux-mêmes qu'il est incontestable que l'ancien principe a été sanctionné par le Code de commerce (Art. 91 et 92). Ajoutons qu'en matière commerciale, la preuve de ce mandat pourra être faite plus facilement qu'en matière civile, où la preuve testimoniale ne doit être admise au delà de 150 fr. L'art. 109 (C. de comm.) n'impose pas cette restriction, il autorise la preuve par témoins, quelle que soit la valeur du litige, si le tribunal croit devoir l'admettre.

Lorsqu'une personne gère les affaires d'autrui, dans la persuasion qu'elle agit en vertu d'un mandat, sa fausse croyance ne fait pas naître entre elle et le maître les obligations qui résultent du contrat de mandat, il y a simplement gestion. Il en est de même au cas où le mandat donné est nul.

Il faut décider également, comme nous l'avons fait en droit romain, que si quelqu'un a reçu mandat de gérer d'une personne étrangère à l'affaire, il naît à son profit une action de mandat contre cette personne et une action de gestion d'affaires contre le maître, et

[1] *Traité du Contrat de commission*, n° 72.

que si un mandat a été donné, et qu'une personne autre que le mandataire l'ait exécuté, cette personne acquiert contre le mandant tous les droits d'un gérant ordinaire.

En principe, lorsqu'un mandataire excède les bornes de son mandat, il devient gérant d'affaires pour tout ce qu'il a fait en dehors des termes de son contrat. Ainsi il a été jugé que celui qui, ayant reçu mandat d'administrer et conserver des immeubles, et en ayant été dépouillé par force majeure, moyennant un certain prix, a employé ce prix à acheter d'autres immeubles, doit être réputé avoir agi comme gérant d'affaires de son mandant, et avoir acquis pour lui lesdits immeubles (Req. 13 juillet 1831). Faudrait-il décider, dans une semblable occurrence, comme on l'a prétendu, que les actes du gérant doivent être jugés avec plus de sévérité que s'il n'y avait eu aucun mandat ? Le maître serait-il admis à dénier toute utilité à des actes, qu'il avait pris soin de ne pas comprendre dans le mandat donné, interdisant ainsi en quelque sorte au mandataire de les accomplir ? Il est incontestable que ce gérant n'est pas tout à fait dans la position d'une personne qui administre des biens négligés et compromis, et, par cela même, a droit au remboursement de toutes les dépenses utiles qu'elle a faites, quand bien même le maître n'en a pas profité. Celui qui a donné mandat de gérer une partie de ses biens, ne peut être accusé de négliger ses intérêts ; et le mandataire, qui excède son mandat, doit être présumé agir contre la volonté du maître. Cependant on ne doit pas être plus rigoureux à l'égard de ce gérant, qu'à l'égard de celui qui a géré contre une défense formelle. Il faut donc au moins, dans tous les cas, lui accorder un recours pour ce qui a réellement profité au maître.

Si nous supposons maintenant un mandataire, non plus qui excède son mandat, mais qui agisse contrairement aux termes du contrat, il faut distinguer : s'est-il trouvé dans l'impossibilité complète d'exécuter ce qui lui a été mandé de faire, il doit rester inactif, et il n'est soumis à aucune responsabilité, s'il a employé les mesures conservatoires nécessaires. Si donc il exécute son mandat par des équipollents, il n'est plus mandataire ; mais devient-il gérant d'affaires ? Nous répondons affirmativement comme dans l'hypothèse précédente, en y ajoutant toutefois la même restriction : c'est-à-dire que le maître qui a pris soin de désigner limitativement ce qu'il voulait qu'il fût fait en son nom, sera admis à critiquer des actes qu'il n'avait peut-être pas mentionnés avec intention dans sa procuration ; et dès lors le gérant n'aura d'autre recours qu'une sorte d'action *de in rem verso*, s'il est prouvé que son fait a véritablement causé un enrichissement.

Le mandataire a-t-il agi contrairement au mandat, bien qu'aucune force majeure ne l'ait empêché de l'exécuter tel qu'il lui a été donné ; il ne devient pas gérant d'affaires, il reste mandataire coupable, responsable de l'inexécution du contrat.

On peut se demander si le locataire, le dépositaire, l'emprunteur qui ont fait sur la chose qui est entre leurs mains des dépenses nécessaires, sont, pour ces actes, gérants d'affaires du propriétaire. Nous ne pensons pas qu'il y ait, dans ces hypothèses, une application possible du quasi-contrat qui nous occupe, car le

locataire, le dépositaire, l'emprunteur....sont tenus,
en vertu de leur contrat, à prester à la chose qu'ils
détiennent, tous les soins d'un bon père de famille
(1728, 1927, 1880,) ou au moins ceux qu'ils apportent
à leurs propres affaires. Parmi leurs obligations, figure
donc celle de conserver la chose. Ainsi les dépenses
qui sont faites ne peuvent être considérées comme des
actes de gestion volontaire, puisqu'elles sont le résultat d'un contrat, et qu'elles ne s'appliquent en aucune
façon, à des choses négligées ou abandonnées par le
maître. Les détenteurs n'auront, pour se faire rembourser, que le droit de rétention, et le privilége sur la
chose que l'art. 2102, n° 3, accorde à tous ceux qui
ont fait des frais pour sa conservation.

Quant à l'usufruitier, la décision ne doit pas être la
même. S'il n'a fait que des réparations d'entretien, en
vertu de l'art. 599, il n'a droit à aucune indemnité,
quand bien même la valeur de la chose en fût augmen-
tée. Mais s'il a fait de grosses réparations, faut-il l'assimiler aux détenteurs dont nous venons de parler, ou
le considérer comme gérant d'affaires du nu-propriétaire? Nous croyons qu'il y a véritablement, dans ce
dernier cas, gestion d'affaires. L'art. 605, en effet, en
mettant à la charge du propriétaire les grosses réparations, indique assez que l'usufruitier n'est pas
tenu de les accomplir pour la conservation de la
chose; dès lors s'il les a exécutées, il a fait un acte
auquel il n'était pas obligé, et cependant qu'il ne pouvait, comme le locataire, par exemple, exiger du propriétaire. Nous pensons donc que la loi a fait à l'usufruitier une situation exceptionnelle, qui autorise à le

considérer comme gérant, lorsqu'il exécute les actes
que l'art. 605 met à la charge du nu-propriétaire,
sans contraindre ce dernier à les faire pendant l'usufruit.

Ainsi, dès qu'il sera prouvé que les réparations dont
il s'agit avaient un caractère utile, l'usufruitier pourra
réclamer, à la fin de l'usufruit, le remboursement du
capital de ses avances par l'action qui résulte du quasi-contrat de gestion d'affaires. Et la même action devrait lui être donnée, lors même que les travaux eussent
été exécutés contre le gré du nu-propriétaire et malgré sa défense, s'il était reconnu, en fait, que ces
travaux étaient aussi intelligents que nécessaires, et
que le propriétaire n'avait, en s'y opposant, d'autre but
que de s'exonérer injustement d'une action en indemnité. Car, comme le fait observer M. Demolombe[1], l'usufruitier dans ce cas, a un intérêt fort légitime à faire ces
travaux, et on ne peut pas dire de lui : *Culpa est immiscere se rei ad se non pertinenti.*

SECTION III.

DES CAUSES QUI PEUVENT MODIFIER LES RÈGLES ORDINAIRES DE LA GESTION D'AFFAIRES.

Nous avons dit qu'en droit romain il était indispensable, pour qu'il y eût obligation *quasi ex contractu,* que
le gérant eût agi avec l'intention d'obliger le véritable
maître de l'affaire. Nous avons cependant ajouté que

[1] *Traité de la distinction des biens*, t. II, p. 544.

certains jurisconsultes paraissaient avoir peu à peu adouci ce principe rigoureux, en accordant une action utile *negotiorum gestorum* à toute personne qui, par son fait, avait procuré un avantage à autrui, sans avoir d'autre moyen de se faire indemniser.

Le Code Napoléon n'a pas adopté l'ancienne doctrine du droit civil romain. Le fait seul de la gestion, quels qu'aient été les motifs et l'intention, n'en constitue pas moins le quasi-contrat de gestion d'affaires, du moment qu'il n'est intervenu entre les parties aucune convention de mandat [1].

Ainsi il faut décider que celui qui a géré mes affaires, croyant gérer les siennes, que celui qui a administré les biens de Pierre, croyant administrer les biens de Paul, a, en vertu du droit civil, une action de gestion d'affaires contre le véritable propriétaire, pour se faire indemniser des dépenses utiles ou nécessaires qu'il a faites (art. 1375). Et cette doctrine, ainsi que l'observe Pothier [2], est aussi conforme à la raison qu'à l'équité. Car, si en gérant les affaires de Pierre, je n'ai pas eu l'intention formelle de l'obliger, au moins j'ai eu l'intention implicite de faire son affaire, et de le contraindre au remboursement de mes impenses, puisque mon but était de gérer cette affaire dans l'intérêt de celui qu'elle concernait.

Le Code Napoléon s'est cependant quelquefois écarté de ces principes, notamment dans l'art. 555. Cet article suppose qu'un tiers a élevé des constructions sur le

[1] Lorombière, sur les art. 1372-1373. — Toullier, *Des eng. sans conv.*
[2] *Du Quasi-Contrat, Neg. gest.*, n° 191.

terrain d'autrui, et il règle ainsi l'indemnité que le propriétaire doit au possesseur : Si ce dernier était de mauvaise foi, le propriétaire peut le contraindre à enlever les constructions qu'il a exécutées, ou bien il peut conserver ces travaux en payant la valeur des matériaux et le prix de la main-d'œuvre ; si le possesseur était de bonne foi, le propriétaire ne peut plus demander la suppression des constructions, mais il a le choix ou de rembourser la valeur des matériaux et le prix de la main-d'œuvre, ou de donner une somme égale à celle dont le fonds a augmenté de valeur. On le voit, cette disposition est exclusive de toute idée de gestion d'affaires ; car la loi ne considère pas, comme dans l'article 1375, l'utilité des dépenses qui ont été faites, mais simplement la plus-value effective, la valeur dont le fonds a augmenté. De plus, dans un cas comme dans l'autre, il est hors de doute qu'une indemnité ne peut être réclamée par le possesseur, qu'autant que les travaux subsistent à l'époque de la revendication du propriétaire. Nous verrons, au contraire, que le gérant d'affaires oblige le maître à l'instant même où une dépense utile est faite dans son intérêt, quels que soient les événements ultérieurs.

On s'accorde également pour décider que l'art. 1381, en reconnaissant au possesseur de bonne et de mauvaise foi le droit de se faire indemniser de toutes les dépenses nécessaires qu'il a faites sur la chose d'autrui, n'est applicable que dans le cas où l'effet de ces dépenses subsiste au moment où le propriétaire reprend son bien, et qu'ainsi, bien que des réparations nécessaires aient été faites à un immeuble, nulle indemnité n'est due, si l'immeuble n'existe plus au moment de la revendication. Faut-il justifier cette décision, comme l'a fait M. Demolombe [1], en disant que le tiers-possesseur qui a fait des réparations sur une chose qu'il regarde comme sienne, les a exécutées *pour lui et dans son intérêt*, que dès lors l'unique obligation du propriétaire se borne à ne pas s'enrichir aux dépens d'autrui, obligation qui s'éteint lorsque les réparations ont été faites à un ouvrage qui n'existe plus ?

Pour nous, nous préférons dire que les dispositions des art. 555 et 1381 du Code Napoléon, sont des exceptions introduites par des considérations spéciales, au principe de notre droit, que nous avons posé au début de cette section, à savoir que le quasi-contrat de gestion doit résulter de toute gestion de l'affaire d'autrui, même faite sans la pensée que c'était l'affaire d'autrui, et sans l'intention d'obliger autrui [2].

Ainsi, si nous supposons qu'un immeuble appartenant à *Primus* passe entre les mains de *Secundus*, en vertu d'un contrat ou d'une adjudication, et que, quelque temps après, les actes translatifs de propriété soient annulés pour une cause ou pour une autre, *Secundus* devra être considéré comme gérant d'affaires de *Primus*, pour tous les actes accomplis par lui sur l'immeuble, pendant qu'il a été en sa possession, bien qu'en agissant, il n'ait pu avoir en vue que *son intérêt propre*. C'est ce qui a été décidé par un arrêt de la Cour de Pau, du 27 août 1836, qui a jugé que, lorsque l'adjudication d'un immeuble saisi a fait assurer l'immeuble, et que,

[1] *De la distinction des biens*, t. 1, n° 687.
[2] Marcadé, sur l'art. 1375.

par suite de l'annulation des poursuites, cet immeuble revient entre les mains du saisi, c'est ce dernier qui, en cas de sinistre survenu depuis la reprise, doit profiter de l'indemnité ; en sorte que l'adjudicataire est tenu, en qualité de *negotiorum gestor*, de lui restituer, sauf le remboursement de ses avances, l'indemnité qu'il a reçue de la compagnie [1].

Nous verrons cependant, en traitant des obligations auxquelles donne naissance la gestion des affaires d'autrui, qu'il n'est pas sans intérêt de rechercher si le gérant croyait faire sa propre affaire, lorsqu'il s'agit de déterminer l'étendue et la portée du droit de recours contre le véritable maître.

S'il importe peu, pour la formation du quasi-contrat de gestion d'affaires, que la gestion ait été entreprise en vue de telle ou telle personne, il ne suffit pas, comme nous l'avons vu précédemment, qu'une personne ait retiré un avantage du fait d'une autre, pour que celle-ci soit admise à exercer un recours suivant les principes de l'art. 1375 du Code Napoléon. Si quelqu'un accomplit un acte qu'il juge favorable à ses intérêts, il ne devient pas par cela même gérant d'affaires du tiers qui a profité de cet acte *indirectement*. Ce tiers n'est obligé qu'autant qu'il est démontré que son intérêt a été pour quelque chose dans l'entreprise de l'affaire.

Cette intention du gérant peut, du reste, s'induire de certaines circonstances. Prenons un exemple : *Primus* est débiteur de *Secundus* ; j'acquitte la dette en me faisant subroger aux droits et actions du créancier, en

---

[1] Dalloz, *Oblig.*, n° 5395.

vertu de l'art. 1250 du Code Napoléon, parce que je trouve dans cet acte un placement avantageux pour mes capitaux. Je ne deviens pas gérant d'affaires de *Primus*. car si ce dernier profite de mon fait, ce n'est qu'indirectement ; l'utilité qu'il peut retirer du payement de sa dette à un créancier récalcitrant n'est, pour ainsi dire, qu'occasionnelle.

Si, au contraire, je ne m'étais pas fait subroger aux droits du créancier, comme il n'est pas présumable que j'aie alors voulu agir dans mon intérêt exclusif, puisque je ne me suis ménagé aucune action en recours, il faut bien alors décider que l'intérêt du débiteur a été le motif déterminant de mon fait, et que j'ai géré les affaires de *Primus*.

Lorsqu'une personne s'est immiscée dans les affaires d'une autre, avec une intention frauduleuse de lucre et de spoliation, *animo depraedandi*, ses actes de gestion n'en donnent pas moins naissance au quasi-contrat et aux actions réciproques qui en résultent. Seulement, de même qu'en droit romain (L. 6, D. § 3, *de neg. gest.*), on limitait le recours au profit définitif que le maître avait retiré de la gestion, il faut également, dans notre droit, apprécier les actes avec d'autant plus de sévérité, que la mauvaise foi y a présidé [1]. Ajoutons que si le gérant a commis des délits ou des quasi-délits, il devra des dommages-intérêts pour tout le préjudice qu'il aura causé.

Il peut se faire qu'un gérant perde, contre le maître de l'affaire, toute action en répétition pour ses débour-

[1] Larombière, sur les art. 1372-1373.

sés. Ainsi un gérant a manifesté, soit par ses actes, soit par ses paroles, l'intention où il se trouve de ne pas répéter les frais de sa gestion, d'agir *animo donandi*, le maître seul a droit à une action, le quasi-contrat devient unilatéral. En effet, celui qui administre les biens d'un tiers est tenu de rendre compte par son fait seul, *re ipsá*; quelles qu'aient été ses intentions, il est lié par sa gestion. Mais il ne faut admettre qu'avec circonspection cet *animus donandi*. Sans oublier la maxime *nemo donare præsumitur*, Pothier énumère cependant diverses circonstances qui, suivant lui, lors-qu'elles se trouvent réunies, doivent faire présumer cet esprit de libéralité chez le gérant.

1° Si le gérant est uni au maître par des liens de pa-renté assez étroits.

2° Si le gérant est riche et le maître pauvre.

3° Si les frais sont modiques.

4° Si le gérant n'a pas répété ses déboursés pendant qu'il a vécu, quoiqu'il ait vécu longtemps depuis sa gestion.

5° Si les parties ont eu plusieurs comptes à se rendre depuis la gestion et que les frais de celle-ci ne soient entrés dans aucun [1]. Mais ce ne sont là que de simples présomptions cédant à d'autres preuves contraires. La présomption de libéralité ne doit être admise qu'avec une grande réserve même pour les frais d'aliments four-nis; la partie est toujours admise à prouver qu'elle a eu l'intention de faire simplement des avances (arrêt de

[1] *Du Quasi-Contrat Neg. gest.*, 197.

la cour de Metz, du 8 janvier 1833 [1]). Il faut donc dire
que c'est le plus souvent une question de fait, qui est
laissée à l'appréciation des tribunaux.

Nous avons dit qu'en droit Romain, après une longue
controverse entre les jurisconsultes, Justinien avait
décidé que celui qui gérait une affaire contre la défense
du maître, n'avait aucun droit de répéter ses déboursés,
qu'il était présumé avoir fait une donation. Devons-nous
admettre la même solution en droit Français, faut-il
dire, comme dans l'hypothèse précédente, que celui qui
a entrepris une gestion qui lui était formellement interdite, ne peut avoir aucune action en recours ?

Pothier justifie la décision de Justinien, en disant que
le quasi-contrat de gestion d'affaires imite le contrat de
mandat, car lorsqu'il y a *negotiorum gestio*, on suppose
une espèce de mandat fictif et présomptif ; or, ce
mandat fictif et présomptif, ajoute-t-il, ne peut
se supposer, quand celui dont on a fait l'affaire
s'y est formellement opposé. Mais cette explication,
qui pouvait être conforme aux principes romains,
d'après lesquels la gestion d'affaires donnait naissance
à des obligations *quasi ex contractu*, ne peut plus être
admise dans notre droit, où les quasi-contrats sont de
véritables sources d'obligations, indépendants des contrats.

Des auteurs cependant, ont voulu refuser tout
recours au gérant, lorsque le maître s'est opposé à la
gestion. Toullier, entre autres, soutient qu'on ne peut
invoquer, dans cette hypothèse, la grande règle de

[1] Dalloz, *Paternité*, 687.

morale et de justice naturelle, à savoir que personne ne
doit s'enrichir aux dépens d'autrui, car, suivant lui,
pour appliquer ce principe, la raison et la loi exigent
deux conditions, le *damnum* et l'*injuria ;* or, aucune de
ces conditions ne se rencontre dans les cas où l'on s'immisce dans les affaires d'un tiers contre sa défense formelle et spéciale. Le gérant n'a pas à se plaindre,
ajoute le célèbre jurisconsulte de Rennes, car il n'a pu
avoir d'autre intention, si ce n'est de gratifier le maître,
en faisant pour lui une dépense, qu'il lui avait défendu
de faire. On objecterait, en vain, que le possesseur de
mauvaise foi peut, d'après l'art. 555, exercer un recours
contre le propriétaire pour ce dont ce dernier s'est
enrichi par son fait, le cas n'est pas le même, le posses-
de mauvaise foi n'a pas eu l'intention de gérer l'affaire
d'autrui, mais la sienne propre, il serait donc absurde
de lui supposer l'intention de gratifier.

Nous ne croyons pas qu'il soit possible de dire que le
dommage ait été causé au gérant, dans l'espèce, *sine
injuria ;* car il y a injustice à s'enrichir aux dépens d'un
tiers, à refuser d'indemniser une personne des dépenses
qu'elle a faites pour vous, et dont vous reconnaissez
l'utilité. Or, suivant les principes du Code Napoléon,
on ne peut s'enrichir aux dépens de qui que ce soit,
pas même d'un voleur. En droit romain, celui qui avait
élevé de mauvaise foi une construction sur le terrain
d'autrui, ne pouvait réclamer aucune indemnité, il était
supposé, il est vrai, avoir fait une donation au propriétaire ; mais notre droit a repoussé cette doctrine,
comme nous le voyons dans l'art. 555, qui accorde un

¹ *Des engag. sans conv.* n° 55.

recours même au possesseur de mauvaise foi [1].

Il faut donc décider que celui qui gère une affaire contre la défense du maître ne donne pas seulement naissance au quasi-contrat, mais qu'il acquiert en même temps un droit de recours pour ses dépenses utiles. Toutefois, la défense qui a été faite n'est pas tout à fait indifférente au gérant; elle permet de contester avec plus de rigueur l'utilité des actes accomplis.

[1] Marcadé, sur l'art. 1375.

CHAPITRE DEUXIÈME.

DE LA CAPACITÉ EN MATIÈRE DE GESTION D'AFFAIRES.

Nous savons déjà, par l'étude que nous venons de faire, qu'en droit français comme en droit romain, la gestion d'affaires peut soumettre le maître et le gérant à des obligations réciproques. Il importe donc de rechercher la capacité qui est exigée pour chacune des parties.

§ I. — *Du maître.*

Il résulte des principes que nous avons exposés que le quasi-contrat naît du fait seul de la gestion, et que la volonté du maître ne joue aucun rôle dans sa formation. On doit donc décider que l'état d'incapacité personnelle du maître ne peut avoir ici aucune influence sur la portée de ses engagements. Ainsi il importe peu que l'affaire gérée appartienne à un mineur, à une femme mariée ou à un interdit; ces personnes sont toujours obligées par le fait d'une autre comme si elles étaient capables.

Il faut, par conséquent, repousser dans notre droit, la décision romaine, qui n'accordait au gérant contre le pupille, qu'une action limitée au profit définitif que la gestion avait produit. Nous avons déjà, à ce sujet, reproduit les justes critiques adressées par Pothier à cette théorie, qui avait introduit si mal-à-propos en cette matière une règle d'équité applicable seulement aux contrats.

§ II. — *Du gérant.*

La décision doit-elle être la même si nous supposons que celui qui a géré l'affaire d'autrui était incapable? Par exemple, un mineur s'est immiscé dans les affaires d'un tiers, sera-t-il soumis à toutes les obligations d'un gérant ordinaire?

Toullier n'hésite pas à se prononcer pour l'affirmative. Il est bien vrai, dit-il, que l'âge des mineurs doit être protégé contre les surprises qu'on peut leur faire, contre leur trop grande facilité, contre les erreurs où peut les entraîner leur inexpérience dans les affaires, mais loin d'empêcher leurs fautes et les actes qui causent à autrui un préjudice qu'on n'a pu empêcher, la loi doit au contraire les reprimer et même les punir; ainsi ils doivent en entier, dans tous les cas, la réparation du dommage qu'ils ont causé par leur fait. La loi en rend même responsables les père et mère (1384), ce qui suppose nécessairement que les mineurs sont eux-mêmes obligés à cette réparation [1].

Nous croyons qu'une telle décision serait contraire aux principes posés par la loi, en matière d'incapacité. En effet, le Code Napoléon déclare les mineurs incapables de donner un consentement valable, et par suite de s'obliger sans l'autorisation de leur tuteur; or, dans le cas de gestion d'affaires, il y a un fait *volontaire* de la part du gérant; ce fait ne peut donc émaner que d'une personne réputée apte à agir.

Il est vrai que les articles 1310, 1382 et 1383 rendent

---

[1] *Des eng. sans couv.*, n° 39.

le mineur responsable de tout le préjudice causé par
ses délits et quasi-délits, mais il ne s'ensuit pas qu'on
doive appliquer à un fait *licite,* au quasi-contrat de
gestion d'affaires, ces dispositions spéciales. La loi ayant,
au contraire, gardé le silence sur ce point, il faut appliquer les principes du droit commun.

Ainsi, suivant nous, le mineur qui s'est immiscé dans
les affaires d'une personne absente, n'est pas tenu des
obligations qui dérivent du quasi-contrat de gestion
d'affaires. Et observons qu'il n'y a pas à craindre qu'il
puisse jamais s'enrichir aux dépens d'autrui, car, aux
termes de l'art. 1312, les mineurs doivent tenir compte
de ce qui a tourné à leur profit, lorsqu'ils se font restituer ce qu'ils ont payé pendant leur minorité, en
conséquence de leurs engagements ; d'où on peut conclure que le maître de la chose gérée est admis à réclamer du mineur tout le bénéfice que sa gestion lui a
procuré [1],

Nous donnerons la même solution en ce qui concerne
l'interdit et la femme mariée [2], celle-ci est, en effet,
tenue, comme le mineur, soit des engagements résultant
de l'autorité seule de la loi (1370), soit de ses délits et
quasi-délits (1424), mais elle ne peut, par son effet
personnel s'obliger envers un tiers.

C'est en vain que Toullier veut aussi lui donner une
entière capacité, sous prétexte qu'il n'y a aucune raison
de lui appliquer le principe de l'art. 1990, puisque le
maître n'a rien à se reprocher, n'ayant pu empêcher

[1] Duvergier sur Toullier, note *a* du n° 39 (*Eng. sans conv.*).
[2] Pothier, *Puissance maritale*, n.° 50.

une gestion qu'il ignorait. L'art. 217 du Code Napoléon n'a pas seulement pour but d'interdire à la femme de contracter sans l'autorisation de son mari, il veut, de plus, comme le fait observer M. Demolombe [1], qu'elle ne puisse pas, par sa volonté, par son intention, par son fait personnel enfin, aliéner ou s'obliger sans autorisation. Ainsi la femme non autorisée, de même que le mineur et l'interdit, n'est tenue, lorsqu'elle a géré les affaires d'autrui, que dans les limites où elle le serait comme partie dans une obligation contractuelle.

[1] *Traité du mariage*, nᵒ 179.

CHAPITRE TROISIÈME.

DES OBLIGATIONS QUI RÉSULTENT DE LA GESTION D'AFFAIRES.

Jusqu'ici nous avons recherché les conditions exigées par la loi pour que le quasi-contrat de gestion d'affaires prenne naissance entre deux personnes. Nous allons maintenant étudier les obligations qui peuvent résulter de ce quasi-contrat.

Nous diviserons notre matière en deux parties : nous parlerons d'abord des obligations du gérant, et ensuite de celles du maître.

SECTION Iʳᵉ.

OBLIGATIONS DU GÉRANT.

L'art. 1372, § 2 du Code Napoléon pose, en ce qui concerne le gérant, ce premier principe : « Il se soumet, dit-il, à toutes les obligations qui résulteraient d'un mandat exprès que lui aurait donné le propriétaire. »

Nous verrons, dans le cours de cette matière, qu'il ne faut pas, même au point de vue des obligations, assimiler entièrement le mandataire au gérant d'affaires. Dès à présent, nous pouvons mentionner cette première différence : aux termes de l'art. 1991 du Code Napoléon, « le mandataire est tenu d'accomplir le mandat tant qu'il en demeure chargé, et répond des dom-

7

mages-intérêts qui pourraient résulter de son inexécution. » Ainsi, un mandataire est obligé, par le seul effet du contrat, à exécuter tout ce qui a été convenu, s'il néglige quelques-unes des clauses, il en est responsable et peut être condamné à payer des dommages-intérêts au mandant. Le gérant d'affaires n'est, en principe, au contraire, obligé que pour les choses qu'il a entreprises. Si donc une personne s'immisce dans les affaires d'autrui et n'en gère que quelques-unes, elle ne doit rendre compte, sauf quelques exceptions que nous examinerons bientôt, que de ce qu'elle a volontairement géré.

L'art. 1372 eût été plus exact, s'il eût dit que les obligations du gérant ont de grandes analogies avec celles du mandataire. C'est, du reste, ce que Pothier avait énoncé en ces termes : « le quasi-contrat forme entre le *negotiorum gestor* et celui dont il a fait l'affaire des obligations réciproques, semblables à celles que forme le contrat de mandat entre le mandant et le mandataire [1] ».

Comme en droit Romain, les obligations du gérant peuvent se réduire à deux : 1o gérer en bon père de famille; 2o rendre compte de sa gestion.

1o Il doit gérer en bon père de famille (1374). — De cette première obligation il résulte d'abord que le gérant, qui a entrepris une affaire, ne peut l'abandonner quand bon lui semble, suivant ses caprices. « Celui qui gère, dit l'art. 1372, contracte l'engagement tacite de continuer la gestion qu'il a commencée et de l'ache-

---

[1] *Du Quasi-Contrat Neg. gest.*, no 199.

ver jusqu'à ce que le propriétaire soit en état d'y pourvoir lui-même. »

Ainsi le gérant doit achever la gestion commencée. Mais faut-il décider qu'il ne pourra jamais interrompre sa gestion, sans être passible de dommages-intérêts ? Une interprétation aussi absolue serait, pensons-nous, contraire au vœu de la loi. La discussion, qui eut lieu au conseil d'État lors de la rédaction de l'art. 1372, montre suffisamment que le législateur n'a pas entendu traiter aussi durement le gérant qui, en réalité, agit presque toujours dans de bonnes intentions ; et, comme le faisait observer un orateur, lorsqu'on fait une action de pure charité, on n'entend pas s'imposer des engagements ultérieurs aussi considérables. Le véritable sens des termes de la loi perce plutôt dans les paroles du consul Cambacérès qui justifiait l'art. discuté en disant qu'on rencontre partout des gens officieux, toujours prêts à se mêler des affaires d'autrui, très-souvent pour les gâter, et que le remède contre leur zèle indiscret, et quelquefois intéressé, est de ne pas leur permettre d'interrompre, quand il leur plaît, l'affaire qu'ils ont commencée. Cependant, ajoutait-il, cette règle ne doit pas être appliquée avec une trop grande sévérité ; quelques services de bon voisinage ne doivent pas faire supposer qu'on a voulu se constituer *negotiorum gestor*. Mais quand des circonstances plus décisives prouvent qu'on a pris cette qualité, il faut bien qu'on demeure responsable de ce mandat volontaire, *et qu'on ne puisse s'en décharger à contre-temps* [1].

[1] Fenet, t. xiii, p. 456.

Ainsi on peut dire que l'article 1372 n'est applicable que dans le cas où il y aurait péril à abandonner l'affaire commencée. Si donc l'abandon ne peut causer aucun préjudice au maître, le gérant n'est pas tenu de continuer ce qu'il a entrepris de son plein gré. D'ailleurs cette décision n'est-elle pas, en quelque sorte, commandée par l'art. 2007, qui autorise le mandataire à renoncer au mandat, toutes les fois que sa renonciation ne préjudicie pas au mandant ? Or, aucun motif n'existe pour traiter ici plus rigoureusement le gérant d'affaires que le mandataire.

Par analogie également avec cet article 2007, il faudrait dire que si le gérant ne peut continuer sa gestion, sans en éprouver un grave préjudice, il pourrait, suivant les circonstances, être déchargé de l'obligation d'achever son entreprise. Et, en effet, cette décision est, surtout dans notre matière, commandée par l'équité, car la gestion d'affaires étant ordinairement un service rendu à un tiers, le gérant ne doit pas être traité avec une trop grande sévérité.

Observons, en outre, que si la loi oblige le gérant à continuer l'affaire commencée, elle a le soin d'ajouter « jusqu'à ce que le maître soit en état d'y pourvoir lui-même. » Il suffit donc que le maître ait été prévenu de l'abandon en temps utile, pour que le gérant soit déchargé de toute responsabilité.

Le gérant ne serait pas même admis, en dehors des hypothèses que nous venons d'examiner, à interrompre sa gestion sous prétexte que le maître est décédé, et qu'il ne s'est immiscé dans ses affaires qu'en vue de son intérêt personnel. Aux termes de l'art. 1373, « le gérant est obligé de continuer sa gestion, encore que le maître vienne à mourir avant que l'affaire soit consommée, jusqu'à ce que l'héritier ait pu en prendre la direction. » Ainsi, la loi impose l'obligation de prévenir l'héritier, quand l'abandon doit avoir lieu ; on a même soutenu qu'il importait peu qu'il y eût ou non péril en la demeure, et que, dans l'une et l'autre hypothèse, l'héritier devait être prévenu. Sous ce rapport, le gérant est donc traité plus rigoureusement que le mandataire [1].

Mais il faut décider que les héritiers du gérant ne sont pas tenus personnellement de continuer la gestion commencée par leur auteur, à moins qu'ils ne se soient eux-même immiscés dans l'affaire. Toutefois on doit les obliger à accomplir tout ce qui en est une suite nécessaire, et à prévenir le maître de la mort du gérant.

De cette première obligation principale de gérer en bon père de famille, il résulte aussi que le gérant doit accomplir tout ce qui est une dépendance de l'affaire entreprise (1372). Que faut-il entendre par ces mots *dépendances de l'affaire* ? Il est impossible de poser sur ce point une règle fixe et absolue. Cependant on peut dire que le gérant est en général, tenu de faire tout ce qui se rattache d'une façon directe à l'affaire. Ainsi celui qui gère une succession en l'absence de l'héritier, doit acquitter les frais de mutation dans le délai exigé par la loi pour éviter le double droit. C'est, du reste, un point de fait dont l'appréciation souveraine est abandonnée aux tribunaux.

Le gérant n'est point obligé d'étendre sa gestion à une

[1] Laromblière, sur l'art. 1373.

autre affaire que celle entreprise, quand même les intérêts du maître auraient à souffrir de ce que cette autre affaire ne fût pas faite. Néanmoins, celui qui ne s'est pas chargé d'une affaire unique, mais qui s'est porté pour faire tout ce qui concernait la même personne, est responsable de ce qu'il n'a pas fait, lorsqu'en se portant comme administrateur général, il a empêché d'autres personnes de gérer les intérêts dont il s'est chargé.

Le gérant est aussi responsable de n'avoir pas exigé de lui-même ce qu'il devait à la personne dont il a fait les affaires, lorsqu'au temps de sa gestion, sa dette était exigible et sujette à se prescrire. Il ne serait pas admis plus tard à se prétendre libéré par prescription, car de ce qu'il consent à prendre en main les intérêts de son créancier, on doit en conclure que son premier soin a été d'accomplir les actes qu'il lui était le plus facile de faire, comme de se payer à lui-même une dette dont le maître eût pu exiger le payement. La même intention ne devrait plus être supposée chez le gérant, si, par exemple, il ignorait qu'il fût débiteur du maître; la prescription pourrait alors être invoquée valablement.

Celui qui s'immisce volontairement dans les affaires d'autrui répond des fautes qu'il commet pendant sa gestion. L'art. 1374 nous donne la mesure de la responsabilité qu'il doit encourir, lorsqu'il nous dit que « le gérant doit apporter tous les soins d'un bon père de famille. » Ainsi, ce n'est pas le soin que le gérant apporte à ses propres affaires qui est exigé; on ne lui demande pas non plus le zèle et l'activité, mais on veut

qu'il agisse comme doit le faire un propriétaire prudent
et vigilant. C'est donc en vain que le gérant alléguerait
que ses intérêts sont aussi compromis que ceux du maître, qu'il a été aussi soigneux qu'il peut l'être ; il serait
permis de lui dire qu'il ne devait pas se mêler d'une
gestion à laquelle il ne lui était pas possible d'apporter
le soin que tout autre eût apporté sans doute, et que,
par cette entreprise, il a commis une imprudence et
une faute dont il est responsable.

Ainsi, ce serait aller au-delà de la pensée de la loi
que d'imposer au gérant l'*exactissima diligentia* dont
parlait le droit romain. Il ne serait pas en faute, si la
chose gérée et la sienne propre étaient en péril, et qu'il
eût préféré sauver la sienne, parce qu'elle était d'une
valeur plus grande. Il aurait agi comme l'eût fait un
bon père de famille, et il n'y aurait pas lieu de lui
opposer la disposition de l'art. 1882 du Code Napoléon,
en ce qui concerne le commodataire.

On devrait, au contraire, lui appliquer le principe de
l'art. 1848, à savoir que si une personne se trouve à la
fois débitrice d'une société et de l'un des associés, le
payement fait par elle d'une partie des deux dettes
s'impute proportionnellement sur la créance de la
société et sur celle de l'associé. Le gérant, créancier
comme le maître d'un même débiteur, serait en faute
de toucher exclusivement pour lui les deniers payés,
car un autre gérant eût poursuivi également, à n'en
pas douter, le remboursement de ce qui était dû au
maître, et serait venu en concours avec les autres
créanciers.

En principe, celui qui administre la chose d'autrui

n'est pas responsable des cas fortuits et de force majeure. Cependant, il en serait autrement, si le gérant avait employé le patrimoine à un usage dont le maître n'aurait probablement pas voulu affronter les risques. Par exemple, si vous dirigez les affaires du non-commerçant, et que vous placiez ses capitaux sur une industrie mal assise, ou dans un commerce quelconque, vous devenez responsable de la non-réussite de cette spéculation. Et sur ce point, nous pensons qu'il faudrait adopter la règle romaine (L. 11, D. *de neg. gest.*), que nous avons exposée, c'est-à-dire que s'il arrive une perte par cas fortuit, l'absent peut laisser le placement à votre compte. Si certaines opérations ont réussi, que d'autres, au contraire, aient échoué, vous pouvez compenser le profit avec la perte ; s'il y a excédant de gain, il appartient naturellement au maître, sans que ce dernier puisse jamais scinder l'opération, qu'il doit accepter tout entière ou rejeter tout entière.

On voit que le gérant est quelquefois tenu plus rigoureusement qu'un mandataire, qui, en général, ne doit apporter aux affaires qui lui sont confiées que le soin qu'il apporte aux siennes propres. Cette différence s'explique par cette considération, que le mandant a choisi le mandataire ; c'est au mandant seul qu'on peut imputer d'avoir placé ses intérêts en des mains inhabiles. Le gérant, au contraire, s'est immiscé, de son plein gré, dans les affaires de l'absent ; ce dernier ne l'a pas cherché ; il n'y a donc aucune raison pour lui faire supporter les fautes et les négligences commises pendant la gestion.

Cependant, dans certains cas, la responsabilité du

gérant peut diminuer ; c'est ce qui résulte du dernier §
de l'art. 1374 : « Néanmoins, les circonstances qui
l'ont conduit à se charger de l'affaire, peuvent autoriser
le juge à modérer les dommages et intérêts qui résulteraient des fautes et de la négligence du gérant. » Pothier[1]
nous donne un exemple où la gestion doit être jugée avec
plus d'indulgence; c'est le cas où les affaires d'un absent,
se trouvant abandonnées, et personne ne se présentant pour en prendre soin, un tiers, quoique peu
habile et peu habitué aux affaires, en aurait entrepris la gestion pour ne pas les laisser à l'abandon.
Mais , ajoute l'illustre jurisconsulte, il ne faut pas conclure de là que le gérant ne sera responsable d'aucune
faute, il est évident que le précepte qui nous oblige
d'aimer notre prochain comme nous-même , nous contraint à apporter aux affaires du prochain, quand nous
gérons, le même soin que nous apportons aux nôtres.

Indépendamment de cette faculté pour le juge d'a-
baisser, suivant les circonstances, le degré de responsabilité du gérant en ce qui concerne les fautes et
négligences, il est permis aussi de modérer les dommages-intérêts que le gérant se trouve devoir pour une
gestion mauvaise. Il y a là encore une question de fait
abandonnée à la sagesse des tribunaux, qui, ne l'oublions pas, doivent, surtout en cette matière, s'inspirer
des préceptes de l'équité et de la droite raison.

2° Le gérant est tenu de rendre compte de sa gestion.
— La loi ne parle pas expressément de cette seconde
obligation principale pour celui qui gère l'affaire d'autrui, mais elle résulte implicitement du dernier § de

---

[1] Du Quasi-Contrat, Neg. gest., n° 211.

l'art. 1372, qui soumet le gérant à toutes les obligations qui résulteraient d'un mandat exprès que lui aurait donné le propriétaire (1993). C'est ce qui a été jugé par un arrêt de la cour de cassation du 10 avril 1854 [1].

Le gérant doit rendre tout ce qu'il a reçu pour le maître de l'affaire. Il doit même verser entre les mains du maître les sommes indûment touchées, à moins que le remboursement de la somme payée ait déjà eu lieu, auquel cas le gérant est déchargé de tout compte à rendre relativement à ce payement. Il faut ajouter cependant que le payement effectué fait supposer que la créance du maître était valable, et dès lors, s'il y a contestation, c'est au gérant qu'incombe la preuve du contraire.

Le maître peut réclamer non-seulement ce qui a été touché, mais aussi ce qui eût dû l'être; ainsi, comme nous l'avons vu, les dettes personnelles du gérant sont supposées avoir été acquittées, elles doivent donc figurer dans le compte. Il en est de même des créances, dont le terme est échu pendant la gestion, et que l'administrateur général a négligé de faire valoir en temps opportun.

Il n'est pas permis, au contraire, de faire figurer parmi les pertes, une somme qui, par erreur, a été indûment payée sans pouvoir être recouvrée; c'est une faute dont le gérant demeure responsable.

Lorsque le gérant se trouve débiteur du maître, il doit faire entrer en compte et le capital de la dette et les intérêts depuis l'époque de l'exigibilité. En principe, le gérant ne doit pas les intérêts des sommes qu'il a

[1] Dalloz, *Oblig.*, n° 5136.

reçues des tiers, à moins qu'il ne soit prouvé qu'il les a fait servir à son usage personnel. Autrement il n'est tenu des intérêts qu'à partir de sa mise en demeure, conformément à l'article 1996 du Code Napoléon.

Ajoutons que la responsabilité dont nous venons de parler ne peut s'étendre aux créances qui n'ont pas été *volontairement* payées: ainsi ces créances ne peuvent être imposées dans le compte, par la raison toute simple que le gérant, ne pouvant poursuivre les débiteurs en justice, est garanti, dès qu'il a fait tout ce qu'il a pu pour obtenir le remboursement.

Si plusieurs ont géré conjointement l'affaire d'autrui, il n'y a aucune solidarité entre eux; car pour qu'il y ait solidarité, il faut une disposition expresse de la loi (1202), or aucun texte ne l'ordonne. Il en serait autrement si plusieurs personnes, au lieu d'avoir utilement géré l'affaire d'un tiers, avaient commis un fait dommageable pour ce tiers, alors nous entrerions dans la matière des délits et des quasi-délits, où la solidarité est de droit. Toutefois il a été jugé que lorsque la gestion a été commune, de telle sorte qu'on ne peut distinguer la part que chacune des personnes y a prise, on peut considérer ce fait comme étant indivisible et pouvant entraîner une condamnation *in solidum* (Req. 4 mai 1859) [1].

Le gérant doit justifier son compte, en présentant les pièces à l'appui: ainsi il est obligé de communiquer les reçus et quittances, les traités constatant les obligations dont il peut être tenu envers les tiers, et pour lesquelles le maître doit le couvrir.

[1] Dalloz, t. 1, 311.

Relativement à ces actes, il ne pourra se servir de la preuve testimoniale au-dessus de 150 fr., car rien ne l'empêchait de se procurer une preuve écrite. Mais faudra-t-il donner la même solution en ce qui concerne le maître, et dire que la preuve par témoins lui sera interdite également, sous prétexte qu'il lui est possible d'obtenir un titre au moyen des quittances délivrées à ceux qui ont payé, et dont ces derniers lui donneront forcément communication sous peine de payer deux fois? Nous ne pensons pas qu'on doive assimiler ici la position très-différente du gérant et du maître, car l'un a pu exiger pour sa justification, une preuve écrite, tandis que l'autre ne peut en présenter qu'avec le secours d'un tiers, qui, si sa dette est prescrite, se refusera peut-être à lui rendre ce service. Il faut donc appliquer au maître seul l'art. 1348, qui, en énumérant le quasi-contrat parmi les exceptions du principe de l'art. 1341, entend seulement comprendre les actes pour lesquels il y a eu impossibilité complète de se procurer une preuve écrite.

L'action du maître peut être dirigée non-seulement contre le gérant qui a géré par lui-même, mais encore contre celui qui a fait gérer par un tiers. Ce tiers peut aussi être soumis au recours du propriétaire.

Les héritiers du maître succèdent à cette action, et ont le droit de demander compte de la gestion au gérant ou à ses héritiers, qui doivent répondre des obligations de leur auteur.

SECTION II.

DES OBLIGATIONS DU MAITRE.

Les obligations d'un mandant prennent naissance dans le contrat même de mandat. Lorsqu'il y a gestion d'affaires, le maître n'est pas obligé, comme le gérant, par le fait seul de la gestion, une condition de plus est exigée, c'est que l'entreprise ait été utile. L'article 1375 du Code Napoléon dit en effet : « le maître dont l'affaire a été *bien administrée*, doit remplir les engagements que le gérant a contractés en son nom, l'indemniser de tous les engagements personnels qu'il a pris, et lui rembourser toutes les dépenses utiles ou nécessaires qu'il a faites. »

Ainsi l'utilité de la gestion est la base du droit de recours contre le propriétaire, et par suite de toutes les obligations auxquelles ce dernier peut être soumis.

Il importe donc de rechercher tout d'abord ce qu'il faut entendre par une gestion utile.

Pour résoudre cette question, il ne faut considérer, comme en Droit romain, que l'origine de l'opération. Ainsi il suffit que le gérant ait accompli un acte qui a enrichi au moment de son exécution le propriétaire, ou que celui-ci n'eût pas manqué de faire, si cela avait été en son pouvoir, pour que son action en recours soit fondée. Peu importe que des événements ultérieurs aient fait disparaître le profit que la gestion avait occasionné. Prenons un exemple : en mon absence, vous faites des réparations urgentes à ma maison, un mur était sur le point de s'écrouler, vous le consolidez, vous avez acquis par cela seul, le droit de me demander le remboursement des déboursés que vous avez faits, quand bien même à mon retour et au moment de votre réclamation, ma maison eût été totalement détruite par un incendie.

Mais remarquons-le, pour que votre action soit fondée, il faut que les réparations aient eu un caractère utile. Si donc en reprenant notre exemple, le mur que vous avez consolidé faisait partie d'une maison que j'avais entièrement abandonnée, et que je n'avais pas moi-même entretenue parcequ'elle n'en valait pas la peine, vous ne seriez pas admis à me demander une indemnité. Il y a là, on le conçoit, une question de fait dont les tribunaux doivent être souverains appréciateurs.

Un auteur[1], cependant, a voulu restreindre le principe que l'on ne considère que le moment où la gestion est accomplie pour déterminer le droit de recours du gérant au cas de dépenses *nécessaires*, parce que ces dépenses sont les seules que le maître soit contraint de faire; et, suivant lui, les dépenses *utiles*, au contraire, ne doivent s'apprécier qu'à l'époque de la réclamation, sous prétexte qu'il n'y a pas une certitude complète que le propriétaire les eût exécutées. Cette distinction, qui n'est fondée sur aucun texte, nous paraît même contraire, non-seulement à la loi romaine, qu'on ne doit jamais perdre de vue en cette matière lorsque le Code Napoléon a gardé le silence, mais aussi à l'équité, qui

[1] M. Duranton, t. XIII, n° 672.

ne veut pas que des frais utilement faits par un tiers
restent sans être indemnisés, parce qu'un événement
fortuit en a détruit l'utilité; nous ne saurions donc
admettre cette opinion.

Un autre jurisconsulte [1] a fait une distinction d'un
genre différent : il modifie le recours du gérant suivant
qu'il s'agit de dépenses nécessaires, ou simplement
utiles. Les dépenses nécessaires, dit-il, sont celles que
tout bon père de famille ne peut se dispenser de faire,
pour assurer la conservation de sa chose, ou en empêcher le dépérissement; et comme elles sont de nécessité, elles doivent être remboursées intégralement. Les
dépenses utiles, au contraire, sont celles qui n'ont
d'autre objet que d'améliorer la chose, et que tout propriétaire peut, à la rigueur, se dispenser de faire. Le
degré de leur utilité s'apprécie suivant les avantages
qu'elles procurent. Si la plus-value qu'elles ont produite
est supérieure à la dépense, le maître ne doit rembourser que cette dépense, parce que le maître est pleinement indemnisé; si, au contraire, elle est inférieure,
c'est le montant seulement de cette plus-value qui doit
être remboursé, parce qu'elle est la seule chose dont le
maître ait profité.

Nous repousserons cette distinction comme la précédente, car elle nous semble en opposition avec l'art.
1375, qui oblige le maître à rembourser toutes les
dépenses utiles ou nécessaires. De plus, une telle décision
en arriverait à transporter en notre matière le principe
de l'art. 555 en ce qui concerne le possesseur de bonne

[1] M. Larombière, sur l'art. 1375, n° 49, n. b.

foi qui a élevé des constructions sur le terrain d'autrui.
Or, nous avons déjà eu occasion d'expliquer cet article,
et nous avons dit que la loi, par cette disposition, n'avait
pas entendu appliquer à cette hypothèse les principes de
la gestion d'affaires, mais accorder simplement un
recours au possesseur d'après la règle que nul ne doit
s'enrichir aux dépens d'autrui. S'il est vrai, comme nous
venons de le voir, que le droit de recours du gérant
n'a pas pour unique base cette règle équitable, puisque l'action en indemnité est exercée même dans le cas
où l'*enrichissement* n'a pas eu lieu, il faut bien reconnaître que l'art. 1375 a une autre portée que l'art. 555,
et que, lorsqu'il parle de toutes les dépenses utiles, il
n'entend pas les restreindre à la plus-value qu'elles
ont occasionnée.

Et d'ailleurs si on interprétait l'art. 1375 dans le sens
du système que nous combattons, on méconnaîtrait
incontestablement l'esprit de la loi. Car, comme on l'a
fait remarquer [1], cette disposition est aussi bien faite
dans l'intérêt du propriétaire que dans celui du gérant.
Il est, en effet, de l'intérêt du propriétaire que ses biens
ne restent pas à l'abandon, et qu'ils soient convenable-
ment administrés. Or le nombre des personnes qui con-
sentent à donner leurs soins aux biens d'autrui est
déjà très-limité ; il se trouverait encore réduit, si on les
exposait à perdre tout ou partie des dépenses utiles
qu'elles pourraient faire.

Mais l'utilité est essentiellement relative. Le propriétaire pourra toujours contester que les travaux faits

[1] Duvergier sur Toullier, *Eng. sans conv.* n° 49, note *b*.

sur sa chose lui aient procuré un avantage réel ; et les
tribunaux qui, comme nous l'avons dit, doivent apprécier l'utilité suivant les circonstances, auront à rechercher si le gérant a entrepris une opération, dont se
serait dispensé le propriétaire, ou si, au contraire, ce
qui a été fait était en quelque sorte imposé par la nature
même de la chose gérée. Il faudra également tenir
compte, pour cette appréciation d'utilité, et de la position respective des parties, et de l'intention qui les a
dirigées en agissant.

Les dépenses voluptuaires, en principe, ne peuvent
entrer en compte. Si cependant elles ont accru la valeur
vénale du bien géré, elles deviennent alors des dépenses utiles et l'art. 1375 leur est applicable; mais ici,
remarquons-le, l'utilité s'apprécie d'après la plus value
qu'elles ont procurée.

Une autre obligation du maître consiste, aux termes
de la loi, à remplir les engagements que le gérant a
contractés en son nom, et l'indemniser de tous les engagements personnels qu'il a pris. Ainsi, le gérant a fait
un marché avec des ouvriers pour réparer la maison
d'une personne dont il gère les affaires, et *personnellement* il s'est engagé à en payer le prix. Le propriétaire
de la maison réparée doit l'indemniser en rapportant la
quittance des créanciers envers qui le gérant s'est
obligé, ou une décharge par laquelle ces créanciers
l'accepteraient pour seul débiteur en place du gérant [1].
Si la créance était à terme ou sous condition, le maître
n'aurait qu'à garantir le payement au moyen d'une caution.

[1] Toullier, *des Engag. sans conv.*, n° 54.

8

Les tiers ne pourront avoir une action directe contre le maître, puisque le gérant s'est obligé personnellement; mais comme ce dernier peut poursuivre le payement des sommes qu'il s'est lui-même engagé de payer, es créanciers auront, en vertu de l'art. 1166, la faculté l'exercer son action. Si le droit de recours du gérant contre le maître est éteint par suite d'une fraude, on appliquera le principe de l'art. 1167.

Observons, en passant, que les tiers qui n'agiront contre le maître qu'au lieu et place de leur véritable débiteur, le gérant, n'auront pas à craindre le concours des autres créanciers du gérant pour le partage du bénéfice de cette action. En effet, comme on l'a fait remarquer [1], le gérant ne peut dire qu'il a une créance contre le maître que tout autant qu'il a remboursé le tiers; jusque-là, il a seulement le droit de demander à être relevé quitte et indemne de son engagement. Il n'y a donc aucune injustice à ne pas admettre les autres créanciers à ce partage.

Si le gérant, au lieu d'agir en son propre nom, a agi au nom du maître, les tiers ont alors une action directe et personnelle contre ce dernier, pourvu que l'utilité de la gestion soit constatée. Autrement le gérant demeure responsable d'avoir en repris une affaire dont le propriétaire n'a retiré aucun avantage.

Comme en droit romain, nous l'avons déjà dit, le droit de recours de celui qui s'est immiscé dans les affaires d'autrui, est restreint au profit définitif que le maître a retiré de la gestion, lorsque le gérant a agi

---

[1] M. Larombière, sur l'art. 1375, n° 5.

soit en vue de son intérêt personnel, soit dans un but de spoliation. Dans ces cas, l'action ne peut avoir pour effet d'exiger le remboursement de toutes les dépenses utiles qui ont été faites, elle ne repose plus que sur le principe d'équité, que personne ne doit s'enrichir aux dépens d'autrui, principe qui ne donne droit qu'à une sorte d'action *de in rem verso*, c'est-à-dire restreinte à l'enrichissement, que le maître a obtenu du fait d'autrui.

Une question très-controversée sous le Code Napoléon est celle de savoir si le gérant d'affaires a droit à l'intérêt des avances qu'il a faites pour le maître, du jour même où elles ont eu lieu.

Nous pensons que la solution doit être affirmative. Il est vrai que l'ancien Droit Français semblait refuser ces intérêts au gérant[1], mais alors toute stipulation d'intérêts pour des sommes exigibles, était interdite, et il n'en est plus ainsi aujourd'hui. L'art. 2001 accorde au mandataire l'intérêt de ses avances du jour où elles ont été faites : pourquoi dès lors refuser le même bénéfice au gérant d'affaires ? L'art. 1372 le soumet à toutes les obligations du mandataire, n'est-il pas juste de lui accorder au moins les mêmes priviléges qu'à ce dernier, car, ne l'oublions pas, la gestion d'affaires est toujours gratuite, tandis que le mandat peut être salarié. Et, en définitive, la solution contraire serait en opposition manifeste avec l'art. 1375, qui veut que le gérant soit indemnisé de toutes les dépenses utiles qu'il a faites, c'est-à-dire qu'il ne subisse pas de pertes, dès que

---

[1] Pothier, *Oblig.*, n° 140.

l'utilité de la gestion est prouvée. Or le préjudice serait inévitable pour le gérant si les capitaux qu'il a avancés dans l'intérêt d'autrui, restaient toujours forcément improductifs, jusqu'à ce que, conformément à l'art. 1153, il en eût demandé en justice le remboursement.

Le gérant d'affaires peut avoir, dans certains cas, outre l'action directe qui lui est donnée par l'art. 1375, quelques moyens de recours qui garantissent l'indemnité qui lui est due. Ainsi qu'une personne qui détient un immeuble, acquitte la dette dont cet immeuble était grevé, elle devient, en vertu de l'art. 1251, 3°, légalement subrogée aux droits du créancier par ce fait de gestion. — De même si un héritier, ayant dans son lot un immeuble hypothéqué, a été obligé de payer en totalité la dette, il a contre ses cohéritiers une action de gestion d'affaires, qui est garantie par un privilége sur tous les immeubles de la succession (2103, 3°); car on peut dire qu'il a subi une éviction partielle.

En outre il est, comme nous venons de le voir, subrogé de plein droit aux droits du créancier ; seulement, d'après l'art. 875, il ne peut recourir contre ses cohéritiers que pour la part que chacun est appelé à supporter dans la dette, à moins qu'il ne soit héritier bénéficiaire.

Les principes que nous venons de poser, en droit civil, au sujet du quasi-contrat de gestion d'affaires, sont, à peu de chose près, les mêmes en droit commercial. Nous ne pensons pas qu'on puisse prétendre avec raison que la règle qui veut, dans la gestion civile, que le gérant ait droit à ses impenses, par cela seul que son administration a été jugée nécessaire ou utile, sans distinguer si le résultat est une perte ou un profit, serait meurtrière pour le commerce, « qui varie ses spéculations en raison de la mobilité incessante de ses intérêts, et ne doit souvent qu'au secret de ses entreprises l'heureux succès qui vient les couronner [1] ». Les opérations de commerce se prêtent, il est vrai, moins facilement que les actes civils à l'immixtion d'autrui ; elles doivent être l'objet d'une plus grande rigueur dans l'examen de l'utilité qu'elles ont pu avoir, mais il nous semblerait contraire à l'équité et à la loi de décider, en principe, que le gérant ne puise son droit de recours que dans le profit définitif qui est résulté de sa gestion.

[1] MM. Delamarre et Le Poitvin, *Contrat de commission*, t. 1, n° 145 et suiv.

CHAPITRE QUATRIÈME.

DE LA RATIFICATION.

Nous venons de voir que le fait de gestion n'a pas seulement pour résultat de contraindre le maître à indemniser le gérant des engagements personnels qu'il a pris, et à lui rembourser les dépenses qu'il a faites, mais aussi à remplir les engagements qui ont été contractés en son nom, lorsque l'utilité de tous ces actes est reconnue ou prouvée (art. 1375).

Cependant cette règle ne s'applique pas à toute sorte d'affaires. Il en est pour lesquelles une condition de plus est exigée, afin que le maître soit lié; il faut sa ratification. Il est donc nécessaire de rechercher quels sont les faits qui, par leur propre utilité, donnent naissance au quasi-contrat de gestion d'affaires; quels sont ceux qui n'ont pas, par eux-mêmes, un caractère obligatoire. En un mot, examinons ce qu'il faut entendre par ces mots, gérer l'affaire d'autrui.

En droit français, comme en droit romain, gérer, c'est administrer la chose d'autrui. Les art. 1372 et suivants du Code Napoléon montrent surabondamment que la loi ne comprend, à proprement dans le mot gestion, que l'administration du bien d'un absent, le fait d'avoir amélioré ou conservé un patrimoine. Ainsi l'art. 1374, exige du gérant, *les soins d'un bon père de famille;* et dans l'art. 1375, les obligations qui résultent de la gestion sont subordonnées à cette condition, que *l'affaire ait été bien administrée.*

Et, d'ailleurs, cette interprétation se justifie pleinement par le but que s'est proposé le législateur, en reconnaissant ce quasi contrat. Il a voulu, ainsi que nous l'avons dit dans nos préliminaires, principalement encourager les tiers à prendre la direction des affaires d'une personne absente, pour que des biens ne restent pas exposés à tous les dangers d'un abandon complet, or, ce but n'est-il pas suffisamment atteint, lorsque la sanction qui est donnée à la gestion, s'applique à tous les actes qui ont eu pour résultat la conservation ou l'amélioration du patrimoine ?

Ainsi lorsque le législateur, dans les articles relatifs à la gestion d'affaires, décide que les actes du gérant s'imposent par leur propre utilité indépendamment de toute ratification, il n'a en vue que les actes d'administration, ceux qu'un bon père de famille est dans l'usage d'exécuter, comme ensemencer les terres, récolter les moissons, relever un édifice qui s'écroule...... On peut dire que le gérant d'affaires a les mêmes pouvoirs qu'un mandataire général, et lui appliquer la disposition de l'art. 1988, § 1 du Code Napoléon, qui donne la mesure de l'étendue du mandat conçu en termes généraux. Il faut donc lui reconnaître, comme au mandataire, le pouvoir de faire payer les débiteurs du maître, d'acquitter ses dettes, de passer les conventions nécessaires à la conservation et à l'exploitation de ses biens d'aliéner même certains meubles. Mais, ne l'oublions pas, le gérant diffère toujours du mandataire général en ce que ce dernier est tenu d'accomplir tous ces actes, tandis que le gérant n'est obligé que relativement à ce qui a fait l'objet de sa gestion.

Ajoutons cependant que si, pour tous ces faits, la ratification du maître n'est pas nécessaire pour leur donner la force obligatoire, elle peut n'être pas complètement inutile ; elle a pour effet de reconnaître l'utilité de ce qui a été accompli, et interdit au maître d'en contester plus tard le mérite.

Mais de même que l'art. 1988, § 2, exige que le mandataire général ait reçu un mandat *exprès*, pour aliéner, hypothéquer ou faire quelque autre acte de propriété, la loi veut également, pour que ces mêmes actes exécutés de la part d'un gérant, obligent le maître, que ce dernier leur ait spécialement donné son approbation. Ainsi un gérant a-t-il vendu un immeuble appartenant au maître, cet acte est *res inter alios acta* vis-à-vis de ce dernier, tant que sa ratification n'est pas intervenue : son approbation seule a pour effet de rendre irrévocable le contrat, subordonné à cette condition. Dans cette hypothèse, le gérant d'affaires se trouve donc dans une situation analogue à celle d'un mandataire qui a excédé ses pouvoirs, aussi devons-nous lui appliquer les principes posés par l'art. 1998, § 2 du Code Napoléon.

Observons, en passant, que cet engagement au nom du maître que nous avons supposé avoir été pris par le gérant, ne peut plus être régi par la règle de l'art. 1375, puisqu'il ne s'agit plus d'un acte d'administration, et qu'ainsi il doit tomber sous le coup des articles 1119 et 1120. C'est, en effet, un véritable engagement pour autrui, qui ne sera valable que dans le cas où le gérant aura un intérêt personnel à l'exécution de la promesse qu'il a faite au nom du maître ; si : d'après l'art. 1120, il s'est porté fort pour le maître, ou a promis de faire ratifie: l'engagement.

La même solution devrait être donnée, si on supposait que le gérant, au lieu de vendre, eût acheté pour le maître, il serait, quant à ce fait, considéré comme un tiers qui a stipulé pour autrui, et il faudrait appliquer les règles du droit commun sur ce point.

Recherchons maintenant les effets de la ratification tant à l'égard des parties que vis-à-vis des tiers.

La ratification, par laquelle le maître valide ce que le gérant a fait en son nom, en dehors de ses pouvoirs ordinaires, est celle, avons-nous dit, dont il est question dans l'art. 1998. Et, en effet, on ne saurait confondre cette ratification avec celle qui est permise par l'art. 1338. Cet article a trait aux actes annulables, or, nous supposons des actes, non pas annulables, mais inexistants en droit, puisqu'il suffit que la ratification n'intervienne pas pour que l'engagement ne produise aucun effet.

Ainsi, d'après l'art. 1992, il faut décider que la ratification peut être expresse ou tacite. Elle sera expresse, lorsqu'un écrit quelconque, émanant du maître, la mentionnera ; ou bien quand elle aura été faite par une déclaration purement verbale. La preuve de cette déclaration pourra être admise conformément aux art. 1341 et suivants du Code Napoléon.

La ratification sera tacite, lorsqu'il résultera des faits, qui ont eu lieu, que le maître a entendu approuver les agissements de son gérant. Ainsi, on devra considérer, comme une ratification tacite, l'acceptation faite par le maître, parmi le compte de gestion, des aliénations ou

acquisitions accomplies en dehors des pouvoirs ordinaires d'un administrateur.

La ratification a pour effet, de l'avis de tous les
auteurs, de rétroagir au jour du contrat à l'égard des
parties. C'est une conséquence nécessaire du principe
que la *ratification équivaut à mandat*, principe que nous
avons déjà rencontré en droit romain, et qui doit également recevoir son application en droit français.

Ainsi, le contrat qui a été fait par le gérant avec le
tiers au nom du maître, est subordonné à la condition
de la ratification. L'obligation du maître est conditionnelle, l'événement qui la valide rétroagit au moment
où elle a été consentie. Le tiers qui s'est lié doit donc
attendre que le maître ait manifesté sa volonté d'accepter ou de rejeter l'engagement pris, ou la stipulation
faite en son nom, il ne dépend plus de lui d'empêcher
cette ratification. Le maître a un droit acquis, qu'il peut
transmettre à ses héritiers (1179). Il faut, en un mot,
appliquer toutes les règles de la rétroactivité de la condition (1178 à 1182).

De même, vis-à-vis du gérant, la ratification a pour
effet de lui donner droit aux intérêts de ses déboursés,
du jour même où il les a faits, et non pas seulement du
jour de l'approbation.

Ajoutons que le gérant, s'étant constitué le *représentant* du maître, ne peut pas dégager le tiers de l'obligation qu'il a consentie. Il n'est pas partie au contrat, et,
par conséquent, il ne peut pas détruire, par sa seule
volonté, un acte dont le bénéfice est déjà acquis au maître, si celui-ci consent à lui donner son approbation. On
ne peut pas dire que le gérant fait une offre à l'absent,

offre qu'il lui est toujours permis de retirer, tant qu'elle
n'est pas acceptée, il faudrait pour cela qu'il eût stipulé
pour lui; or, nous supposons qu'il a agi au nom du maître.
La ratification ne conclut pas un mandat qui, jusque-là,
n'a pas existé, et a laissé les parties entièrement libres
de leurs actions. Non, ce n'est pas ainsi qu'il faut entendre la maxime *ratihabitio mandato æquiparatur* : en droit
français, comme en romain, elle ne fait pas naître un
mandat postérieurement à la gestion ; elle engendre
seulement, entre les parties, *à peu près* les obligations
qui résultent d'un mandat, en approuvant ce qui a
été fait.

Ces principes étant admis, il semble facile de déterminer les effets que cette ratification doit avoir vis-à-
vis des tiers, c'est-à-dire vis-à-vis des personnes qui
ont stipulé des droits réels sur la chose objet du contrat, en traitant soit avec le maître, soit avec le gérant, soit avec la partie contractante. Passons en revue chacune de ces hypothèses [1].

1° *Des tiers qui ont traité avec le gérant.* — Le gérant
a conféré à un tiers, dans l'intervalle du contrat à la
ratification, la propriété ou un démembrement de propriété de l'immeuble qu'il a acheté au nom du maître.

Nous venons de dire que le gérant n'était, dans ce
cas, qu'un intermédiaire, qu'un représentant, et
qu'ainsi il ne pouvait avoir la faculté de disposer d'une
chose sur laquelle il ne possédait aucun droit actuel.

---

[1] *Voir* sur cette question, la savante dissertation de M. Labbé, *sur les
effets de la ratification des actes d'un gérant d'affaires*, que nous avons déjà
eu plusieurs fois l'occasion de citer, en traitant la même matière en droit
romain.

Or, on ne peut transmettre à autrui plus de droits qu'on en a soi-même. La ratification doit donc rétroagir au jour du contrat ; et anéantir tous les droits conférés par le gérant sur l'immeuble.

Et ainsi, si nous supposons que le gérant s'est engagé à devenir propriétaire de l'immeuble, à défaut de la ratification, les droits qu'il a consentis aux tiers sur cette chose, resteront en suspens jusqu'au moment où le maître aura pris un parti. Ils seront valables ou nuls suivant que la ratification surviendra ou ne surviendra pas.

2° *Des tiers qui ont traité avec la partie contractante.* — Reprenons l'hypothèse précédente : Le gérant a acheté un immeuble au nom du maître. Mais, dans l'intervalle du contrat à la ratification, le vendeur a disposé du même immeuble, ou l'a hypothéqué. Le nouvel acquéreur, le créancier hypothécaire, seront-ils à l'abri de la ratification ?

Ici encore, la ratification aura un effet rétroactif au jour du contrat, à l'encontre des droits consentis. Le vendeur, en effet, avait aliéné sa chose sous la condition de la ratification. Or, aux termes de l'art. 1179 du code Napoléon, la condition accomplie a un effet rétroactif au jour auquel l'engagement a été contracté ; par suite tous les droits réels conférés sur la chose, dans l'intervalle, sont anéantis.

Toutefois, nous supposons que le gérant a fait transcrire le contrat d'aliénation, avant que les tiers aient fait eux-mêmes transcrire leur propre contrat. Car, depuis la loi du 23 mars 1855, tout acte d'aliénation ne peut être opposé aux tiers que s'il a été rendu public, en temps utile, par la formalité de la transcription.

3° *Des tiers qui ont traité avec le maître.* — Il est bien certain que le maître ne pourra, par la ratification d'un acte antérieur, annihiler les contrats qu'il a valablement faits avec les tiers. Ainsi un gérant a vendu un des immeubles du maître ; quelque temps après, ce dernier consent sur cet immeuble une hypothèque, ou le vend à une autre personne; la ratification de la vente faite par le gérant, anéantira-t-elle les engagements pris par le maître lui-même ? Nul n'oserait le prétendre. Le maître a consenti des droits réels sur son immeuble, étant en plein exercice de ses droits de propriété, ses actes sont parfaitement valables. S'il connaissait la première vente, il a eu évidemment l'intention de désavouer son gérant d'affaires. S'il l'ignorait, la bonne foi l'oblige à exécuter ce qu'il a promis personnellement.

Mais devons-nous donner la même solution dans l'hypothèse où le maître n'a pris aucun engagement personnel ? les droits acquis sur sa chose en vertu de la loi, et depuis le contrat, formeront-ils un obstacle à la rétroactivité de la ratification : par exemple, le gérant a vendu un des immeubles du maître, et avant que ce dernier n'ait ratifié, une hypothèque légale ou judiciaire est venue frapper tous ses biens ?

Il nous semble que rien ne s'oppose à ce que les règles de droit commun, en matière d'obligation conditionnelle, reçoivent leur complète application. Il faut donc dire que la ratification, survenant après l'inscription de cette hypothèque légale ou judiciaire, rétroagit au jour du contrat, à l'encontre des droits de ces créanciers. En effet, que pourrait opposer le créancier inscrit? On n'a pris aucun engagement à son égard, puisque son hypothèque existe en vertu de la loi, on ne lui doit donc aucune garantie. De plus, cette inscription n'a pu enlever au maître le bénéfice d'un contrat déjà fait en son nom : elle saisit le patrimoine dans l'état où il se trouve, elle ne peut donc frapper définitivement un bien dont la propriété est incertaine, puisqu'elle a été aliénée sous une condition, sous la condition de la ratification. Tout ce qu'il est permis d'exiger du maître, c'est qu'il ne commette aucun acte frauduleux, or, la ratification n'est pas un acte frauduleux, puisque c'est l'exercice d'un droit légitimement acquis.

De tout ce que nous venons de dire, il résulte que si le maître refuse de ratifier l'engagement qui a été pris en son nom, le contrat sera censé n'avoir jamais existé par la défaillance de la condition. Le gérant devra au tiers contractant des dommages-intérêts, puisque nous l'avons vu, la validité de la convention a été basée sur la promesse de faire ratifier l'engagement. S'il y a eu stipulation au nom du maître, et qu'il y ait été, par exemple, convenu que l'affaire appartiendrait au gérant, au cas où le maître ne l'accepterait pas, le tiers reste obligé seulement vis-à-vis du gérant.

Le principe que nous venons de développer relativement à la rétroactivité de la ratification, tant à l'égard des parties que vis-à-vis des tiers, sont également applicables en droit commercial. C'est en vain qu'on tenterait de nous opposer deux solutions contraires, qui, nous allons le voir, reposent sur des règles spéciales.

Ainsi il est admis, il est vrai, que dans le cas où un

contrat d'assurances a été stipulé par un gérant d'affaires, le maître de la chose assurée do t ratifier avant que cette chose ait péri[1]. Cette décision est basée sur les règles du contrat d'assurances, et non sur celles de la gestion d'affaires. En effet, il est de l'essence de ce contrat qu'il y ait des risques courus ; par conséquent rien de plus juste que la ratification ne puisse rétroagir, et valider un contrat, à raison duquel il n'y a plus aucuns risques à courir, puisque la chose a péri.

L'art. 446 du Code de commerce ne détruit pas non plus notre théorie, quand il déclare nuls, à l'égard de la masse des créanciers, les actes qui ont été faits par le failli depuis l'époque déterminée par le tribunal, comme étant celle de la cessation des payements, ou dans les dix jours qui ont précédé cette époque. Car s'il est hors de doute que cette disposition s'applique également à la ratification qu'un commerçant ferait d'un acte, accompli antérieurement pour lui par un ami officieux, elle se justifie parfaitement par le but que s'est proposé le législateur dans cet article 446. Il a craint avec raison, qu'à cette époque, le commerçant ne consentit des aliénations, dans le dessein de nuire à la masse des créanciers. Or la ratification fait aussi bien présumer cette intention frauduleuse que l'accomplissement des actes eux-mêmes : il était donc nécessaire de lui refuser tout effet rétroactif.

Mais en dehors de ce cas, la ratification, lorsqu'elle est dépourvue de tout caractère frauduleux, rétroagit même à l'encontre des droits des créanciers.

[1] M. Troplong, du Mandat, n° 620.

POSITIONS.

—

DROIT ROMAIN.

I. Le co-propriétaire qui agit en justice pour faire reconnaître un droit de servitude au fonds commun, ne peut réclamer le remboursement de ses impenses que par l'action *communi dividundo*.

II. La loi 60, D. *de regul. Juris* ne s'applique qu'à l'*intercessio*, et ainsi n'est pas contraire au principe de la loi 9, D. *de neg: gest*.

III. Le possesseur qui a fait des dépenses sur la chose d'autrui, ne peut pas agir, pour les recouvrer, par l'action *negotiorum gestorum contraria*; il n'a qu'un droit de rétention.

IV. Les lois 37, D. *de neg. gest.*, et 47, D. *de solutionibus* ne sont pas inconciliables.

V. La ratification a un effet rétroactif à l'égard des tiers.

CODE NAPOLÉON.

I. Le mandat tacite n'est pas aboli.

II. Celui qui a géré malgré la défense du maître peut, en principe, répéter ses dépenses utilement faites.

III. Les incapables ne sont tenus, comme gérants, que dans les limites où ils le seraient comme parties à une obligation consensuelle.

IV. Le gérant peut réclamer l'intérêt de ses avances du jour où il les a faites.

V. La ratification a un effet rétroactif, non-seulement à l'égard des parties, mais quelquefois aussi à l'égard des tiers.

DROIT COMMERCIAL.

Les règles, posées par le droit civil relativement à la gestion d'affaires, sont également applicables en droit commercial.

En principe, le gérant d'une affaire de commerce a droit au remboursement de toutes ses dépenses utiles.

La non rétroactivité de la ratification, en matière d'assurances et de faillite, tient aux règles spéciales du contrat d'assurances et de l'art. 446 du Code de commerce.

PROCÉDURE CIVILE.

L'ancienne maxime que, *nul en France, hormis le roi, ne peut plaider par procureur,* consacrée par le Code de procédure, interdit d'agir en justice, pour les intérêts d'autrui, en qualité de gérant d'affaires.

DROIT PÉNAL.

L'art. 204 du Code d'instruction criminelle, en exigeant, que la requête, contenant les moyens d'appel, soit remise au greffe dans les dix jours, signée de l'appelant ou d'un avoué, ou de tout autre fondé de pouvoir spécial, pourvu que, dans ce dernier cas, le pouvoir soit annexé à la requête, ne permet pas à tout intervenant de faire, sans mandat, la déclaration d'appel au nom du condamné.

TABLE.

—

Pages.

DE LA GESTION D'AFFAIRES EN DROIT ROMAIN.

Chapitre Premier. — Nature et formation de la gestion d'affaires.   1

Généralités. . . . .   Ib.

     Section I. — La gestion doit avoir pour objet l'affaire d'un tiers.   4

     Section II. — La gestion doit avoir eu lieu sans mandat.   11

     Section II. — Il faut que le *negotiorum gestor* ait agi en considération du *dominus rei*.   17

     Section IV. — Des cas où le *negotiorum gestor* perd tout droit de recours.   27

Chapitre Deuxième. — De la capacité en matière de gestion d'affaires.   34

Chapitre Troisième. — Des obligations qu'engendre la gestion d'affaires.   39

     Section I. — Obligations du *negotiorum gestor*. . .   Ib.

     Section II. — Obligations du *dominus rei*.   46

Chapitre Quatrième. — Des actions *negotiorum gestorum*. . .   53

     Section I. — De l'action *directa*. . . . .   Ib.

     Section II. — De l'action *contraria*.   55

Chapitre Cinquième. — De la Ratification des actes d'un *negotiorum gestor*.   57

—

DE LA GESTION D'AFFAIRES EN DROIT FRANÇAIS.

Chapitre Premier. — Nature et formation de la gestion d'affaires.   65

Notions générales. . . . .   Ib.

     Section I. — La gestion doit avoir pour objet l'affaire d'un tiers.   69

Pages.

Section II. — La gestion doit avoir eu lieu sans mandat.   74

Section III. — Des causes qui peuvent modifier les règles
ordinaires de la gestion d'affaires.   83

Chapitre Deuxième. — De la capacité en matière de gestion
d'affaires.   93

Chapitre Troisième. — Des obligations qui résultent de la gestion
d'affaires.   97

Section I. — Obligations du gérant. . . . . . .   Ib.

Section II. — Obligations du maître.   109

Chapitre Quatrième. — De la Ratification.   118

Positions.   128

Poitiers. — Typographie et Stéréotypie H. Oudin.

POITIERS
TYPOGRAPHIE OUDIN.

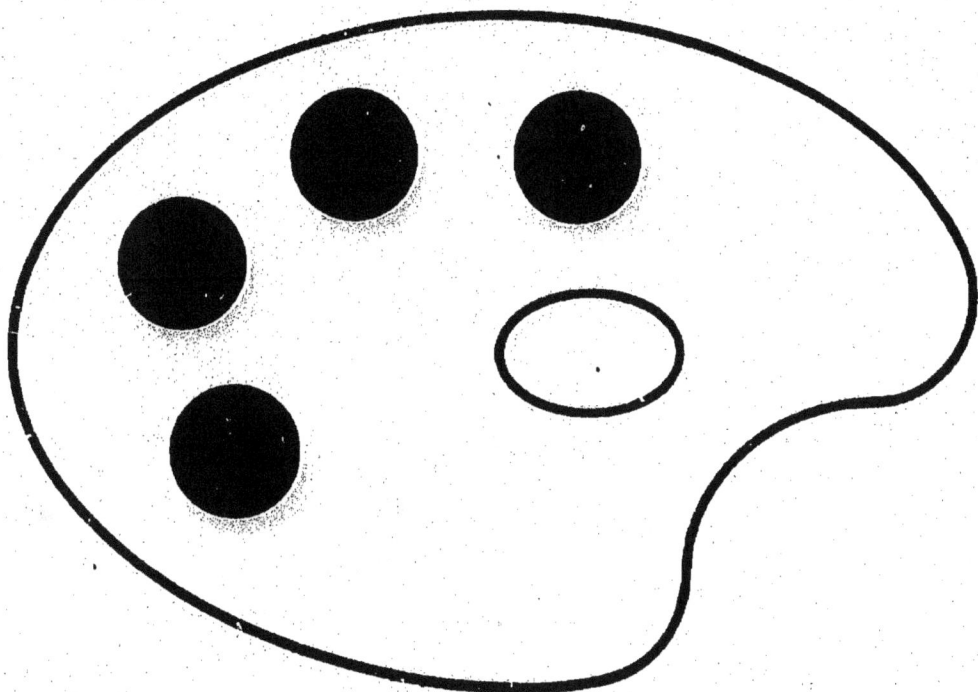

Original en couleur
NF Z 43-120-8

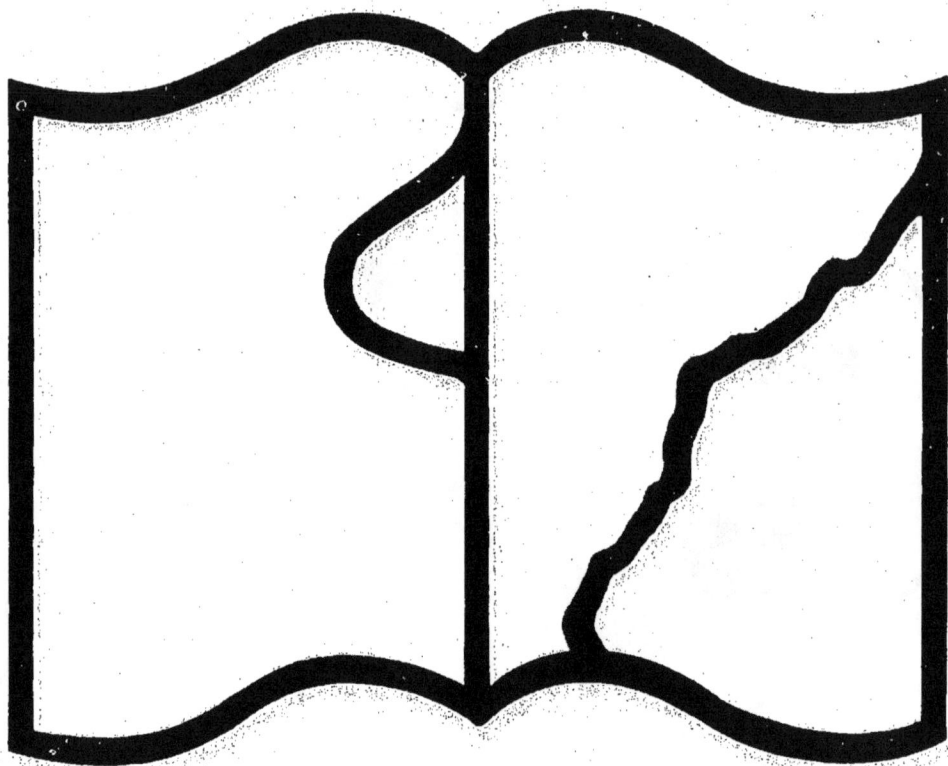

Texte détérioré — reliure défectueuse

NF Z 43-120-11

Contraste insuffisant

NF Z 43-120-14

www.ingramcontent.com/pod-product-compliance
Lightning Source LLC
Chambersburg PA
CBHW062011200326
41519CB00017B/4757